Farina Deutschmann und Sofie Cramer

KÜSS MICH TOXISCH

Zwischen Leidenschaft und Wahnsinn: Was es wirklich heißt, einen Narzissten zu lieben

now

Bibliografische Information der Deutschen Nationalbibliothek
Die Deutsche Nationalbibliothek verzeichnet diese Publikation in der Deutschen Nationalbibliografie; detaillierte bibliografische Daten sind im Internet über dnb.dnb.de abrufbar.

1. Auflage

NXT LVL GmbH, An der Dornwiese 2, 82166 Gräfelfing
www.next-level-verlag.de

Redaktion: Dr. Ulrike Brandt-Schwarze
Schlusskorrektur: Christiane Otto
Cover- und Umschlagdesign: © 2025 Phillip Van Coller, www.pvcdigitaldesigns.co.za
Illustrationen: © 2025 Phillip Van Coller, www.pvcdigitaldesigns.co.za
Autorenfotos: Foto von Farina Deutschmann ©2025 Hannes Thun, alle anderen © 2025 Farina Deutschmann
Satz: inpunkt[w]o, Wilnsdorf (www.inpunktwo.de)
Druck: Florjancic Tisk d.o.o., Slowenien
Printed in the EU
ISBN Print: 978-3-68969-018-2
ISBN E-Book (PDF): 978-3-68969-020-5
ISBN E-Book (EPUB, Mobi): 978-3-68969-019-9

INHALT

VORBEMERKUNG DER AUTORINNEN

Es sei dringend darauf hingewiesen, dass das Buch zwar für dieses brisante Thema sensibilisieren soll und warnen kann. Solltest du aber bereits unter möglichen Begleiterscheinungen wie Depressionen oder Suizidgedanken leiden, ist es unumgänglich, professionelle Hilfe in Form von Psychotherapie in Anspruch zu nehmen oder dich zumindest im ersten Schritt einem sicheren Umfeld oder seelsorgerisch anzuvertrauen und im Falle von körperlicher Gewalt umgehend Anzeige zu erstatten.

Vorwort von Laura Malina Seiler

Wie schön, dass du hier bist! Vielleicht ist es kein Zufall, dass dieses Buch gerade jetzt deinen Weg kreuzt. Denn manchmal finden uns die richtigen Geschichten genau dann, wenn wir sie am meisten brauchen. *Küss mich toxisch* ist so eine Geschichte, die nicht nur berührt, sondern tief geht – sie legt Schichten frei, in denen wir uns selbst begegnen können, vielleicht auf eine Weise, wie wir es zuvor nicht gewagt haben.

Farina und Sofie nehmen uns mit auf eine außergewöhnliche Reise – eine Liebesgeschichte, die zugleich leuchtet und Schatten wirft. Sie schreiben über das, was viele von uns kennen und vielleicht auch schon durchlebt haben: die Momente in einer Beziehung, die so intensiv, so leidenschaftlich sind, dass wir alles dafür geben würden. Und doch werden diese Momente manchmal schwer, schmerzhaft, sie drohen, uns zu verändern. Manchmal verlieren wir dabei das Wertvollste – uns selbst.

Diese Erzählung ist so viel mehr als nur eine Liebesgeschichte. Sie ist eine Einladung, uns selbst zu fragen: Wie stehe ich zu mir? Wie gehe ich mit meiner eigenen Stärke und meinen eigenen Grenzen um? Es ist leicht, sich in der Liebe zu verlieren, besonders, wenn man einem Menschen begegnet, der zunächst so strahlt, so charismatisch und voller Leben scheint. Doch *Küss mich toxisch* zeigt uns, dass die wahre Stärke darin liegt, in dieser Liebe die Balance zu finden und, wenn nötig, die Kraft, uns abzugrenzen.

Vielleicht findest du in diesem Buch eine Stimme, die dich daran erinnert, wie wichtig es ist, auf dich zu achten – die sanft sagt: »Vergiss dich nicht.« Die Erzählung von Farina und Sofie berührt sensible Themen wie Narzissmus und Co-Abhängigkeit. Sie zeigt uns, wie leicht es selbstbewussten Menschen passieren kann, sich in den Verstrickungen einer toxischen Liebe zu verlieren, und wie schwierig es sein kann, wieder zurückzufinden.

Das Gute ist: Dieses Buch lässt uns nicht mit dem Schmerz allein. Es führt uns zurück zur Selbstliebe, Schritt für Schritt, als würde es uns an die Hand nehmen und sagen: »Schau, du bist stark. Du bist wertvoll. Und es ist deine Entscheidung, dein Leben in Fülle und Freude zu gestalten.« Die Botschaft ist klar: Du bist genug – so wie du bist. Und in diesem Bewusstsein kann Heilung geschehen, kann die Reise zu dir selbst beginnen.

Während du die Geschichte liest, wirst du vielleicht Momente des Erkennens und Nachdenkens haben, und vielleicht wirst du auch das ein oder andere Mal lächeln, weil du fühlst, dass du mit deinen eigenen Erfahrungen nicht allein bist. Dieses Buch bietet nicht nur Einsicht in die zerstörerischen Dynamiken, die in manchen Beziehungen entstehen können, sondern auch ein tiefes Verständnis und Mitgefühl für diejenigen, die daraus herauswachsen. Denn in all dem Schmerz, den Unsicherheiten und dem Chaos liegt auch eine wunderbare Chance: die Möglichkeit, dich selbst wiederzufinden, dich selbst anzunehmen und zu lieben.

Ich lade dich herzlich ein, dieses Buch mit einem offenen Herzen zu lesen, die Höhen und Tiefen mitzuerleben und dabei liebevoll auf deine eigenen Bedürfnisse und Grenzen zu achten. Erlaube dir, zu fühlen, zu reflektieren und mitzunehmen, was dich stärkt. Farinas und Sofies Geschichte erinnert uns daran, dass die wichtigste Beziehung, die wir im Leben führen, die mit uns selbst ist – und dass wahre Liebe dort beginnt, wo wir uns selbst wertschätzen und respektieren.

Mach es dir gemütlich und lass dich ein auf diese Reise. Vielleicht wartet nicht nur eine bewegende Erzählung auf dich, sondern auch ein kleiner Funke, der etwas in dir zum Leuchten bringt.

In tiefer Verbundenheit und voller Freude darüber, dass wir diesen Weg gemeinsam gehen dürfen,

deine Laura Malina Seiler

1 OKTOBER 2018 – EINMAL KAPSTADT, IMMER KAPSTADT

Eine Reise mit einem langen Flug zu beginnen, war für mich seit jeher im wahrsten Sinne eine tief bewegende Erfahrung. Schon immer habe ich es geliebt, ferne Länder und fremde Leute kennenzulernen. Auch zum südlichsten Zipfel Afrikas zu reisen, erfüllte mich jedes Mal sehr – dieser Trip jedoch schenkte mir noch mehr: eine ganz neue Energie mit einem unbekannten, aber wohligen Grundgefühl.

Ich hatte zwar in den vergangenen drei Wintern jeweils drei Monate in Südafrika verbracht, aber nun, im Oktober 2018, war ich das erste Mal ganz auf mich allein gestellt. Zuvor war ich entweder mit meinem damaligen Partner oder mit Freunden dort gewesen. Dieses Mal flog ich nicht nur allein, als Single, sondern auch, ohne zu wissen, wie es weitergehen würde. Kapstadt hatte sich zwar mehr und mehr zu meinem zweiten Zuhause entwickelt, doch für dieses Jahr hatte ich nur einen Monat eingeplant und wollte erst danach entscheiden, wo ich den Rest des europäischen Winters verbringen würde.

Schon während meines Studiums liebte ich es, neue Menschen kennenzulernen und mich mit ihnen auszutauschen. Und je weiter sich mein Kreis verzweigte, desto bunter wurde meine Welt. In einem waren sich allerdings auffallend viele meiner Weggefährten aus Nordeuropa einig: dass es sich lohnte, die langen, düsteren Winter im Norden lieber ganz im Süden am anderen Ende des Längengrades, aber in der gleichen Zeitzone zu verbringen. Immer wieder hörte ich bei Stippvisiten von Freunden in Berlin oder

Hamburg, dass ihre WG-Partner oder Freunde derzeit in Kapstadt lebten und arbeiteten. Und da ich zum Winterblues neigte – besonders zum Jahreswechsel hin, hatten mich diese Schilderungen neugierig gemacht. Es gab also Menschen, die durch das Pendeln zwischen den Kontinenten einen Weg gefunden hatten, ein Leben im ewigen Sommer zu führen. Das wollte ich auch.

Ich startete diese Reise einerseits routiniert und voller Vorfreude auf das Licht und die Wärme nach den ersten trüben dunklen Wochen in Nordeuropa. Andererseits war es ungewohnt, den Flug allein anzutreten, ohne zu wissen, was mich erwartete. Stets mit im Gepäck war allerdings dieses undefinierbare Urvertrauen, dass mich alles, was mit dieser besonderen Zeit zu tun hatte, irgendwie voranbringen würde.

So wurde Kapstadt für mich zum Inbegriff von »Serendipity«. Denn obwohl ich dachte, ich hätte meine Winterflucht bestens vorbereitet, landete ich mitten im Chaos. Ich kenne keine deutsche Übersetzung, die ausdrücken könnte, wie viel mehr für mich in dem Wort steckt als bloß ein »glücklicher Zufall«. Serendipity zeigt sich mir immer dann, wenn scheinbar ganz unterschiedliche Aspekte, die auf den ersten Blick nichts miteinander zu tun haben, sich im Nachhinein als eine Fügung herausstellen. Eine Fügung deswegen, weil etwas zusammengeführt wird in einer Weise, als hätte irgendeine göttliche Kraft ihre Finger im Spiel, um ein Geschenk zu offenbaren. Ein Geschenk, von dem man anfangs gar nicht wissen kann, welchen besonderen Wert es eines Tages in der Rückschau haben wird.

Ich hatte keine Ahnung, warum oder wie solche seltsamen Zufälle passieren, aber sie elektrisierten mich! Es war wie das Sammeln von Sternen in einem Super-Mario-Spiel und passierte immer öfter. Ich sammelte magische Momente des Zufalls, wie den, dass ich aus der Wohnungsnot eine Tugend machen musste, weil meine damalige Basis in London mir kürzer zur Verfügung stand, als ich ursprünglich geplant hatte. Sehr viel kürzer, denn eigentlich hatte ich vorgehabt, meinen Wohnsitz dauerhaft von Berlin nach London zu verlegen, um mir als Fotografin auch international einen Namen machen zu können. Doch es war nicht möglich, mein Appartement in London während meiner Abwesenheit zu behalten. Obwohl ich meinem Vermieter erklärt hatte, ich wolle in zwei, drei Monaten wieder zurück sein, um dann längerfristig zu bleiben, bestand er darauf, dass ich mir etwas anderes suchte.

Doch wie hätte ich etwas finden können, das in Preis, Lage und Komfort mit meiner Wohnung vergleichbar war? Ich hatte mir einige Appartements in verschiedenen Gegenden der Stadt angesehen. Angesichts der großen Nachfrage verlangten die Vermieter, dass ich sofort einziehen würde. Aber ich hatte nichts gefunden, das es wert gewesen wäre, gleich zu unterschreiben und einen ganzen Monat Miete zu zahlen, obwohl ich gar nicht in London sein würde.

Also nahm ich allen Mut zusammen und machte mich auf den Weg in ein Abenteuer mit ungewissem Ausgang.

Und so fühlte sich dieser 13-Stunden-Flug tatsächlich an wie ein langer und bedeutsamer Schritt, bei dem »Serendipity« mich begleitete wie eine Art Schutzengel, und ich war geneigt, mich seinen behütenden Flügeln anzuvertrauen.

Im Grunde hatte ich mich schon immer als Glückskind empfunden. Ich war im Jahr 1988 nicht nur in eine beschauliche, deutsche Stadt in einem reichen Land hineingeboren worden, sondern auch in eine Familie, die schon deswegen besonders war, weil ich mit keinerlei großen Themen konfrontiert wurde, die mich in meiner Entwicklung trotz der Trennung meiner Eltern hätten beeinträchtigen oder gar traumatisieren können. Vielleicht hatte meine Mutter mir mit ihrer Neigung zur Selbstreflexion und ihrem Psychologiestudium von Beginn an das nötige Rüstzeug fürs Leben mitgegeben, in das ich als Einzelkind ohnehin recht privilegiert gestartet war.

Auch zu meinem Vater hatte ich eine tiefe Verbindung. Als ich klein war, spielte er mir auf seiner Gitarre das englische Volkslied *Greensleeves* vor. Immer wenn ich diese Melodie höre, ist mein

Papa in der Nähe. Sie bringt das Gefühl zurück, zu Hause, geliebt und geborgen zu sein, obwohl er beruflich viel unterwegs war. Aber sobald er wieder da war, war alles andere unwichtig, und er konzentrierte sich voll und ganz auf den gegenwärtigen Moment.

Mein Vater war ein sehr positiver, sorgloser und großzügiger Mensch und besessen von Musik. Wann immer er konnte, unterstützte er Projekte, die ihn begeisterten. Er engagierte sich im Management einiger Bands und baute ein Musiktheater in Paderborn auf, der Stadt, in der ich aufwuchs. Er nahm mich öfter mit zu Konzerten und ermöglichte es mir, die Künstler zu treffen, die ich sonst nur aus dem Fernsehen oder aus Zeitschriften kannte. Mir war klar, dass sie zwar normale Menschen waren, aber sie führten allesamt ein erfüllendes Leben mit Vielfalt, Positivität und Enthusiasmus. So nahm ich es damals jedenfalls wahr.

All diese inspirierenden Begegnungen haben mich so tief beeindruckt und geprägt, dass es mir alternativlos erschien, mir selbst ein erfüllendes, aufregendes Leben zu kreieren. Ich war fest entschlossen, die Welt zu erkunden, die mir mein Vater zu Füßen gelegt hatte, und Südafrika war der ideale Platz, um damit weiterzumachen.

Nachdem ich am frühen Nachmittag pünktlich am Cape Town International Airport gelandet war und die Passkontrolle hinter mich gebracht hatte, fielen mir sofort die vielen verschiedenen Warnschilder ins Auge, die dazu aufriefen, Wasser zu sparen. Zu der Zeit herrschte in Kapstadt eine extreme Wasserknappheit, sodass man sogar von einer »Day Zero«-Krise sprach. Ermahnungen wie »Don't waste a drop« fanden sich überall auf dem Weg zum Ausgang. Trotz dieser düsteren Begrüßung durchströmte mich ein Glücksgefühl, als ich mit meinen beiden 23-Kilo-Koffern ins Freie trat. Die Luft war angenehm frisch und doch viel zu warm für einen dicken Pulli. Es war wie ein alljährliches Ritual geworden, ihn abzustreifen, die Dunkelheit und Kälte hinter mir zu lassen und die goldene Wärme des Sommers auf der Haut zu spüren.

Das Uber, das ich vorab beim Warten am Gepäckband reserviert hatte, stand schon bereit. Ich bat den Fahrer, Bo-Kaap anzusteuern, ein Viertel mit den typisch farbenfrohen Häuserreihen, von dem man meinen könnte, es läge im Nahen Osten. Denn aus den Lautsprechern der vielen Moscheen klangen regelmäßig Gebetsrufe der malaiisch-muslimischen Gemeinschaft. Hier wurde ich schon von Emily und Simon erwartetet. Meine südafrikanischen Freunde hatte ich vor einiger Zeit über Instagram kennengelernt und mit ihnen einen Deal vereinbart. Im Juli waren sie zu Gast in meiner Wohnung in Berlin gewesen. Dafür durfte ich im Gegenzug bei ihnen zu Hause in Bo-Kaap unterkommen, wo sie mit ihrem Beagle Baxter wohnten und einen herrlichen Blick auf den Tafelberg genossen.

Ich liebte solche Vereinbarungen, die auf Sympathie und einem wertschätzenden Geben und Nehmen basieren! Kaum ein Ort eignete sich besser für internationale Bekanntschaften als Südafrika. Ich bin schon häufiger gefragt worden, wie ich den Spirit dieses Landes beschreiben würde, aber es fällt mir schwer, die richtigen Worte zu finden. Und das, obwohl ich durchaus dazu neige, etwas weiter auszuholen, wenn mich etwas fasziniert oder begeistert. Dieses Land war stets mit einer unsichtbaren Energie verbunden, die sich auch in der vielfältigen Natur widerspiegelt: die Berge, die für mich schönsten Strände der Welt, das weite Meer mit den Delfinen und Walen, die breiten Sanddünen – aber auch das Landesinnere mit all den Weinfarmen, Nationalparks und Wüstenregionen.

Es war kein Wunder, dass sich in der Hauptstadt so viele digitale Nomaden aus aller Welt in wahnsinnig schönen Locations trafen, um sich zu vernetzen, zusammenzuarbeiten oder einfach Spaß zu haben. All diese Vibes konnte man beinahe überall spüren, obwohl, oder vielleicht gerade weil, die Kluft zwischen Arm und Reich sowie Schwarz und Weiß so groß ist. Kapstadt erschien mir wie eine nicht ungefährliche, aber bunte Welt für sich. Und ich konnte es auch bei dieser Reise kaum erwarten, endlich wieder in das quirlige Treiben dieser Viereinhalb-Millionen-Metropole einzutauchen. Deshalb verabredete ich mich gleich für den Abend mit einer Freundin in einem Viertel, das für seine vielen Restaurants, Bars und kleinen Boutiquen bekannt war. Ailine verbrachte wie ich seit mehreren Jahren den europäischen Winter in Südafrika. Sie war nur wenige Stunden nach mir gelandet, also schickte ich ihr zur Begrüßung eine WhatsApp-Nachricht:

Wollen wir uns auf der Kloof Street treffen, um erst mal anzukommen und die Cape Town Vibes aufzusaugen? 🙂

* * * *

Von meinen früheren Besuchen wusste ich, dass der »First Thursday« – jeder erste Donnerstag im Monat – der Kunst und der Kultur gewidmet war. Unterschiedliche Museen, Galerien, Bars, Restaurants und Clubs waren bis spät in die Nacht geöffnet und zogen viele Besucher in die Straßen der Mother City, wie Kapstadt auch genannt wird. Vor allem rund um die Bree-, Long- und Loop Street konnte man ausgehen. Normalerweise zog es mich nur dorthin, um zu tanzen und einige meiner neuen inzwischen lieb gewonnenen Freunde zu treffen. Ich begann gerne bei *Yours Truly* und ging von dort weiter ins *Aces 'n' Spades*, wo es Rock and Roll und Musik der 90er gab, und ins *Arcade*, das mehr auf Hip-Hop und Pop ausgerichtet war.

Später, an diesem ersten Donnerstag, traf ich beim Club-Hopping einen Freund von mir, Lu, der als DJ und Journalist in der Musikindustrie arbeitete. Wir schlenderten gerade durch die Bree Street, als er plötzlich jemandem auf die Schulter klopfte und fragte: »Hey, bist du Muzi?« Es war nicht Muzi. Aber da ich kaum jemanden kannte, dem Muzi ein Begriff war und dieser einer meiner südafrikanischen Lieblingsmusiker war, war ich freudig überrascht und fragte: »Was, du kennst Muzi? Oh mein Gott! Ich liebe seine Musik!« Lu fragte mich daraufhin, ob ich am Wochenende bei dem dreitägigen Festival *Rocking The Daisies* dabei sein würde, wo Muzi auftreten würde, wovon ich nichts gewusst hatte. Spontan, wie es meine Art ist, sagte ich sofort zu. Das Festival war zwar längst ausverkauft, aber Lu nutzte seine Kontakte. Über eine Bekannte sicherte er mir ein Tagesticket, das sie loswerden wollte, weil ihr die über einstündige Fahrt raus aus der Stadt bis zum Cloof Wine Estate doch zu weit war.

Also fuhr ich am folgenden Samstag das erste Mal allein mit einem Uber zu einem Festival – ohne eine Ahnung, ob ich heile an- und nachts überhaupt wieder zurückkommen würde. Ich hatte keine konkreten Pläne, sondern lief mit meiner Kamera einfach ein bisschen umher. Erst nach dem Konzert von Muzi machte ich mich gemeinsam mit Lu auf die Suche nach einer Flasche Wasser. Er nahm mich mit in den Backstagebereich, wo wir tatsächlich Muzi in die Arme liefen. Ich unterhielt mich eine Weile mit ihm und seinem Manager, machte ein paar Fotos von ihm und war wieder einmal fasziniert davon, wie solche Momente mich auf meinem Weg beglückten. Ich hatte eine wirklich tolle Zeit und war dennoch heilfroh, als ich am späten Ende dieses langen Tages im Auto saß, nachdem ich wieder ein Uber ergattert hatte.

Auf der Fahrt sortierte ich all die bunten Eindrücke und starrte dabei in die friedliche Dunkelheit. Dann plötzlich passierte es: Ein riesiger roter Feuerball raste vor meinen Augen durch den Nachthimmel. »Wow, hast du das gesehen?«, fragte ich meinen Fahrer. Der gleißende Lichtpunkt mit seinem langen Schweif war viel größer als eine normale Sternschnuppe gewesen. War das möglich? Gab es so etwas überhaupt? Ich fragte mich, ob es vielleicht nur Einbildung gewesen war. Oder eine Spiegelung vom Festival oder ein Streich? Die Strecke verlief durch eine ländliche Gegend mit weitläufigen Feldern und auch sonst unbewohnter Landschaft. Nachts war es dort besonders dunkel, still, und eigentlich war alles nur vom schwachen Licht der Sterne und dem Mond beleuchtet. Es gab weit und breit nichts, was das Licht hätte reflektieren können. Ich hatte keine Erklärung dafür und war zutiefst ergriffen von diesem Phänomen, unabhängig davon, ob es nun real war oder nicht.

Als wir uns nach etwa 60 Kilometern der Stadt näherten, begann mein Magen zu knurren, und mir wurde bewusst, dass ich lange nichts mehr gegessen hatte. Doch es war schon 22:00 Uhr, und die meisten Läden hatten bereits geschlossen. Mein Kühlschrank war leer, und weil ich Lust auf ein leichtes und gesundes Essen hatte, einen Salat oder Wrap, bat ich meinen Fahrer, mich bei der Park Road abzusetzen. Ich kam am *Fat Cactus*, einem mexikanischen Restaurant, vorbei und wusste inzwischen, wenn man in Kapstadt ein Restaurant betrat, begrüßte einen normalerweise immer ein Kellner mit einem freundlichen »Hey, table for one?«. An diesem besonderen Abend aber wurde ich aus irgendeinem Grund ignoriert. Ich suchte also selbst nach einem freien Platz, was unmöglich schien. Überall saßen Gruppen mit sechs und mehr Leuten an großen Tischen. Weil ich nach diesem aufwühlenden Event keine Lust mehr hatte, Small Talk zu betreiben und mich irgendwo dazuzugesellen, beschloss ich nach nebenan in einen Burger-Laden zu gehen. Auf dem Weg nach draußen entdeckte ich aber doch einen freien Platz an einem hohen Tisch mit Blick auf die Straße. Es war eine Reihe mit drei Stühlen, die anderen beiden waren von zwei jungen Männern besetzt, vielleicht ein Paar, dachte ich, einer blond, der andere braunhaarig. Ich wollte keinesfalls stören, also fragte ich nur knapp, ob ich Platz nehmen könne.

Wenige Augenblicke später fand ich mich in einer sehr netten Unterhaltung wieder. Meinetwegen hatten die beiden vom Afrikaans ins Englische gewechselt. Ich bestellte schnell mein Essen und einen Appletiser, ein Apfelsaft mit Kohlensäure, so wie einer meiner Tischnachbarn. Er sagte, er trinke keinen Alkohol, und da ich normalerweise auch nicht viel trank und mich mit vielen Leuten umgab, die verzichteten, dachte ich nicht einmal daran, dass das ein Witz gewesen sein könnte. Der eine war Banker, der andere Redakteur eines wissenschaftlichen Magazins und hatte angeblich einen braun-weißen Border Collie mit dem Kosenamen Fluffy. Ich ließ mir ein Foto zeigen und war sofort schockverliebt in dieses Tier, vor allem weil meine Mama und ihr Mann auch einen Border Collie hatten. Wir lachten und entschuldigten uns immer wieder gegenseitig dafür, dass wir nicht aufhörten zu reden. Plötzlich war ich wieder ganz in meinem Element. Ich liebte es eben, mich auf neue Menschen einzulassen und Kontakte zu knüpfen, und vergaß Zeit und Raum.

Irgendwann kamen meine beiden südafrikanischen Gesprächspartner und ich auf das Thema Vertrauen, und ich erinnerte mich an mein Ziel, das ich mir für das Jahr gesetzt hatte: meine größte Angst loszulassen. Denn Matthew Mockridge hatte einmal in seinem Podcast *Smart Entrepreneur Radio* gesagt, dass wir unser größtes Wachstumspotenzial finden, wenn wir das tun, wovor wir am meisten Angst haben. Ich erklärte, wenn mich jemand fragte, was ich niemals tun würde, müsste ich »Bungee-Jumping« sagen.

Das war für mich jenseits des Vorstellbaren. Es war einfach viel zu riskant, und schon allein der Gedanke, hoch oben zu stehen und von einer Brücke frei zu fallen, war extrem beängstigend. Warum zum Teufel sollte jemand so etwas tun?

Im Jahr zuvor hatten ein paar meiner Freunde versucht, mich zu überreden, aber ich hatte kategorisch Nein gesagt. Ich hatte ihre Videos gesehen und gedacht, wie mutig sie doch waren. Eine meiner Freundinnen hatte sogar ein Lächeln im Gesicht gehabt, und ihr Sprung hatte so leicht und fröhlich ausgesehen. Eine andere Freundin wiederum hatte fürchterlich geschrien, als sie sprang, und für ein paar Wochen ein geplatztes Äderchen im Auge. Eine weitere Freundin hatte vor dem Sprung höllisch gezittert, war aber danach superstolz gewesen. Eines hatten sie jedoch alle gemeinsam: Sie hatten alle überlebt!

Ich hatte eine leise Stimme in meinem Kopf, die mir zuflüsterte: »Wenn sie das können, kann ich es auch!« Aber würde ich wirklich an einem Bungeesprung wachsen? Wahrscheinlich nicht, ich sollte wohl etwas anderes finden, wovor ich Angst hatte. In seinem Podcast hatte Matthew über die Angst vor dem Alleinreisen gesprochen. Vielleicht war das auch der Grund, warum ich mich dazu entschlossen hatte, dieses Mal ganz allein nach Kapstadt zu fliegen. Aber war das der Sinn von »sich der Angst stellen«, wenn man einfach eine Angst auslieh, die man gar nicht selbst hatte? Meine größte Angst war tatsächlich ein Bungeesprung. Ich geriet in Panik, wenn ich nur daran dachte, und wusste, dass ich mich zuerst mental vorbereiten müsste.

Doch dann ergab während unserer kurzweiligen Unterhaltung ein Wort das andere, und plötzlich vereinbarten wir, gemeinsam zur Bloukrans Bridge zu fahren, der berühmten Bogenbrücke, von der aus man spektakuläre Bungee-Jumps machen konnte. Jason, der Banker, hielt sich raus. Aber der andere, sein Name war Samuel, ließ nicht locker. Wir plauderten angeregt weiter, und als wir übers Reisen sprachen, erzählte ich, dass ich noch nie in Australien gewesen sei und sehr hoffe, bald endlich dorthin zu kommen. Samuel wollte auch mal nach Australien und spielte sogar mit dem Gedanken, dorthin auszuwandern, sodass ich lachend vorschlug: »Vielleicht sollten wir einfach zusammen dorthin aufbrechen!«

Die Antwort kam prompt mit einem charmanten Grinsen: »Lass uns mit dem Bungeesprung anfangen.«

Nach einer Weile stellten wir überrascht fest, dass alle anderen Gäste bereits gegangen waren, ohne dass wir es bemerkt hatten. So kurzweilig war die Begegnung mit meiner supernetten Zufallsbekanntschaft gewesen!

Ich beschloss, mich zu verabschieden und wieder ein Uber zu bestellen. Doch die beiden Einheimischen bestanden darauf, mich nach Hause zu bringen, zumal ich nur ein paar Minuten entfernt wohnte. Die Regel Nummer eins in Kapstadt bei Nacht aber lautet: Gehe niemals nachts zu Fuß irgendwo hin! Ich hatte Dutzende von Geschichten aus meinem Umfeld darüber gehört, wie naiv Leute gewesen waren, weil sie sich nicht an diesen Grundsatz gehalten hatten. Aber irgendwie schienen die beiden so freundlich und zuvorkommend, dass ich einknickte. Sie sagten, sie würden ohnehin denselben Weg zu ihrem Auto gehen und dass es für sie eine Selbstverständlichkeit sei, mich sicher nach Hause zu bringen. Zwar strotzten sie auf den ersten Blick nicht gerade vor Muskelkraft. Aber gerade das gab mir das gute Gefühl, dass sie wirklich vertrauenswürdig waren. Ich war ohnehin noch so voller positiver Energie des gesamten wundervollen Tages, dass ich mich wenig später ohne Angst und Reue an meiner Tür wiederfand und mich herzlich bedankte und verabschiedete. Über Facebook hatten wir uns bereits gefunden und vernetzt. Es fühlte sich einmal mehr so an, als hätte ich neue Freunde gewonnen. Und nachdem ich sogar noch erste Fotos vom Festival an Muzi, beziehungsweise dessen Management, geschickt hatte, damit sie diese direkt weiterverwenden konnten, schlief ich irgendwann vollkommen zufrieden und beseelt ein.

REFLEXION

Wenn ich jetzt darauf zurückblicke – mehr als fünf Jahre später – erinnere ich mich, mit wie viel Freude und Glückseligkeit dieses Wochenende gefüllt war. All diese kleinen Begebenheiten zusammengenommen. Die Begegnung mit den beiden Fremden im Restaurant empfand ich als total nett und rein freundschaftlich. Ich dachte mir nicht viel dabei, außer dass solch wundervolle Serendipity-Momente meine Zeit in Südafrika unvergesslich und irgendwie magisch machten.

Allerdings hatten sie etwas in mir bewegt: Mir war klar geworden, dass ich mir eine echte Kennenlerngeschichte mit meinem zukünftigen Partner wünschte und Dating-Apps wie Tinder für mich nicht mehr infrage kamen. Es schien also immer noch möglich, Menschen in einem Restaurant, bei einem Event oder einem anderen Anlass zu treffen. Meine Serendipity-Sammlung wurde größer und größer. Wieso also sollte ich mich nicht für weitere mögliche Begegnungen dieser Art öffnen? Ich hatte in letzter Zeit sowieso keine Dating-Apps verwendet, warum sie also nicht komplett löschen? Ich erinnere mich, dass ich an diesem Abend den Brief an meine zukünftige Liebe hervorgekramte und noch einmal las. Ich hatte ihn damals geschrieben, um mir bewusst zu machen, was ich wirklich von einer Beziehung will. Vielleicht auch ein bisschen, um sie zu manifestieren.

September 2018

Dear future love,
ich bin mehr als glücklich, dass Serendipity uns auf so magische Weise zusammengeführt hat! Ich könnte mir niemand anderen vorstellen an meiner Seite als dich. Du bist mein größter Lehrer, die Schulter zum Anlehnen. Ich fühle mich immer so sicher mit dir. Niemand unterstützt und motiviert mich so wie du. Mit dir darf ich wirklich so sein, wie ich bin, ohne mich dabei unwohl zu fühlen. Niemand kann mich so zum Lächeln und Lachen bringen wie du. Was ich an dir am meisten mag, ist dein Selbstbewusstsein, dein Vertrauen, deine direkte Art zu kommunizieren und dein starkes, liebevolles Herz.
Es war mir zuvor nie möglich, die Frau zu sein, die ich heute bin. Denn ich dachte immer, ich müsse tough und stark sein. Aber du bringst meine weibliche Seite in mir hervor, und ich liebe, wie du mich lehrst, mehr und mehr auch meine femininen Facetten zu akzeptieren. Ich kann mir nicht mehr vorstellen, mit jemand anderem mein Leben zu teilen. Ich liebe die Art, wie du mich ansiehst, wie du mich hältst, wie du mich küsst und wie du mir deinen Respekt und deine Wertschätzung dafür zeigst, dass ich in deinem Leben bin. Ich danke dir, dass ich mich durch dich so wertgeschätzt fühle. Nie hätte ich erwartet, eine Beziehung zu haben, in der beide so viel voneinander lernen und zusammen wachsen können.
Und ich liebe es, dass ich mit dir wirklich über ALLES sprechen kann, ohne mir dumm vorzukommen. Mir kommt es so vor, als würdest du alles wissen, und falls nicht, dann bist du immer daran interessiert dazuzulernen.
Ich danke dir so sehr, dass du in meinem Leben bist. Bevor wir uns kennengelernt haben, habe ich nur Männer angezogen, die unsicher oder unzuverlässig waren oder kein Verantwortungsbewusstsein hatten.

Aber ich war mir sicher, dass du irgendwo da draußen bist und wir uns bald treffen würden. Du bist genau im richtigen Moment in mein Leben gekommen, und ich wusste sofort, dass ich dich nie wieder gehen lassen will.
Ich liebe dich von ganzem Herzen, aus voller Seele, wobei Worte es eigentlich nicht beschreiben können. Ich bin mir aber ziemlich sicher, dass du weißt, wie ich mich fühle, weil es dir genauso zu gehen scheint. Ich liebe es wirklich sehr, wie du deine Gefühle ausdrückst, obwohl du es nicht magst, allzu viel darüber zu reden. Doch das spielt keine Rolle, denn ich spüre deine Liebe und alles andere, was dich im Inneren bewegt, weil wir so tief miteinander verbunden sind wie mit sonst keinem anderen. Und noch mal: Ich bin so dankbar, dass es dich gibt – so wundervoll und charismatisch, wie ein Mensch nur sein kann. Mir wird so warm ums Herz, wenn du mir in die Augen schaust. Es fühlt sich so an, als wenn du in mir all meine Energie bewegen könntest.
Ich liebe dich!

Und so traf ich noch am selben Abend eine Entscheidung: Ich war wieder bereit für eine feste Beziehung, und ich wollte nicht anfangen, jemandem zu daten, der nicht weiß, was er will.

Wenn ich heute von dieser Begegnung erzähle, merke ich, wie verliebt ich immer noch in diese Kennenlernstory bin. Auch wenn es mit Samuel keine Liebe auf den ersten Blick war, so hatte das ganze Setting trotzdem etwas Magisches, bei dem das Gegenüber nicht das Wichtigste an der Situation war. Ich habe es einfach schon immer geliebt, wenn sich so viele besondere Details aneinanderfügen und genau zu einem solchen Moment führen. Ich schwebte wie auf Wolke sieben und ließ mich voller Hingabe im Leben treiben.

2 SPRUNG INS ABENTEUER

Meine erste Woche in Kapstadt war schnell vorbei, aber da ich mich erst in meinen neuen Alltag einfinden musste, fühlte sich die Zeit viel länger und intensiver an. Es war für mich ein bedeutsamer Unterschied, nicht mehr als Touristin hier zu sein, auch wenn ich noch keine Lösung für meine Arbeitserlaubnis als Fotografin gefunden hatte. Mein Visum hatte ich über eine Agentur erhalten, für die ich hin und wieder als Model jobbte und daher öfter zu Castings ging. Dadurch kam ich viel herum in dieser faszinierenden Stadt.

In einem Instagram-Post schrieb ich:

Mein Herz gehört hierher, und ich überlege, wie ich diese Saison wieder mehr Zeit in Kapstadt verbringen kann. Ich bin mir ziemlich sicher, dass ich nach meiner Rückkehr nach Europa bald wieder in den Flieger steigen werde. Aber jetzt habe ich noch ein paar Wochen zum Genießen.

Es gab zwar nur eine bevorstehende Hochzeit von Freunden, zu der ich als Gast eingeladen worden war und auf der ich als Geschenk die schönsten Momente festhalten wollte. Doch als Freelancerin hatte ich trotzdem immer irgendetwas zu tun oder vorzubereiten, zum Beispiel das umfangreiche Bildmaterial aus all den Sommer-Shootings zu sortieren und zu bearbeiten. Daher fand ich die Nachricht von Samuel bei Facebook erst nach vier Tagen. Er fragte, ob wir uns am Wochenende wiedersehen und zu unserem Trip zur

Bloukrans Bridge aufbrechen würden. Doch da standen bei mir die Hochzeitsfeierlichkeiten an. Obwohl er ebenfalls schon andere Pläne gehabt hatte und auch ich an dem Sonntagnachmittag zu einer Geburtstagsparty gehen wollte, einigten wir uns auf das darauffolgende Wochenende. Ich fand es irgendwie beruhigend, dass unser Abenteuerausflug also zeitlich begrenzt war – schließlich kannten wir uns kaum. Da unser Ziel sieben Autostunden von Kapstadt entfernt lag, hatte ich eigentlich angenommen, dieser Vorschlag würde ohnehin im Sande verlaufen. Doch Samuel ließ sich nicht abschrecken, sondern schaffte es, mich mit seiner bestimmten, aber sehr zuvorkommenden Art zu beeindrucken. Er hatte alles durchdacht, alle Optionen geprüft und sogar einen groben Zeitplan erstellt, um sicherzustellen, dass ich pünktlich wieder zu Hause sein würde.

Möchtest du länger als zwei Nächte bleiben? Dann wäre der Trip etwas weniger hektisch. Aber am Sonntag fahren wir auf jeden Fall um 09:00 Uhr los, damit du vor 16:00 Uhr zurück bist. Wenn es passt, können wir ganz früh am Freitag (04:30 Uhr morgens?!) aufbrechen. So hätten wir zwei ganze Tage, könnten also entspannt ankommen nach der langen Fahrt und erst am nächsten Tag springen. Ich habe mir auch die Ausgaben angesehen: Zwei Nächte kosten je nach Unterkunft zwischen R 2 750 und R 3 250 pro Person für Benzin, Unterkunft, Springen und das Video.

Da ich mich zuvor nicht bei Samuel gemeldet hatte, fragte er mich noch, ob mich der Preis abgeschreckt habe. Aber es gab keine Ausreden mehr! Er hatte seine Terminpläne über Bord geworfen und sich schon so viel Mühe gegeben, dass ich einfach nicht absagen konnte. Außerdem war es meine Chance, mich endlich meiner Angst zu stellen. Ich entschuldigte mich für mein Zögern und schrieb:

Lass uns nächsten Samstag springen!

Damit ich mich in der Zwischenzeit nicht vollkommen verrückt machte, weil ich im Begriff war, mich gleich in zweifacher Weise aus meiner Komfortzone herauszukatapultieren, fragte ich Samuel, ob er nicht Lust hätte, mit mir und meiner deutschen Freundin Ailine auszugehen. Es schien mir vernünftig, die Person, mit der ich auf diesen besonderen Trip gehen würde, etwas besser kennenzulernen. Ich vertraute zwar auch da ganz auf meine Intuition, die mich hoffentlich bremsen würde, falls ich es mit jemandem zu tun bekäme, der es nicht gut mit mir meinte. Aber es konnte ja nicht schaden, unverbindlich miteinander etwas essen zu gehen. Nachdem er zugesagt hatte, schlug Ailine das *Riva Fish Restaurant* vor, und wieder wurde es ein sehr kurzweiliger und lustiger Abend.

Wir drei erzählten uns von unseren Werdegängen, und ich erfuhr, dass Samuel seinen Master in Philosophie gemacht hatte und derzeit auf Jobsuche war, weil seine Anstellung in der Redaktion eines Businessmagazins, das ich nicht kannte, auslaufen würde. Und er erwähnte, dass er demnächst in seine kleine Heimatstadt Paarl zurückziehen und sein Haus dort auf Vordermann bringen wolle. Es fühlte sich so an, als hätten wir viele Gemeinsamkeiten und ähnliche Interessen. Obwohl ich im Gegenteil zu ihm, ganz von zu Hause – also aus Berlin – wegziehen wollte.

Wir sprachen auch über unsere früheren Beziehungen, und schnell wurde klar, dass Samuel ebenfalls gerade Single war. Umso offener berichtete ich von meinem Ex-Freund, meine zweite, aber bislang längste große Liebe. Acht Jahre hatte unsere überaus harmonische Beziehung gehalten, bis wir sie einvernehmlich beendet hatten und doch enge Freunde geblieben waren. Ich bemerkte, welch detaillierte Fragen Samuel mir zu diesem Thema stellte, und beantwortete alles, was er wissen wollte. Und ich erklärte ihm auch den Grund für unsere Trennung, nämlich, dass wir zwar grundsätzlich ähnliche Werte gehabt hatten, aber in eine Lebensphase gekommen waren, in der mein damaliger Partner noch viel mehr hatte reisen und in der Weltgeschichte als Digitalnomade hatte unterwegs sein wollen, wohingegen ich mich danach gesehnt hatte, weniger auf Tour zu sein und mich noch zielgerichteter meiner Karriere zu widmen.

Trotz meiner neu erwachten Bereitschaft für eine Beziehung war Samuel für mich von Anfang an keine Option. Er war einfach nicht mein Typ – weder äußerlich noch von seiner Art her. Um im Vorhinein auf Nummer sicher zu gehen, dass sich zwischen Samuel und mir auch ja nichts Romantisches anbahnen würde, betonte ich, als wie wertvoll ich Freundschaften zwischen Männern und Frauen empfände. Ich war mir zwar nicht sicher, ob er tatsächlich Interesse an mir als Frau hatte, führte aber lieber noch aus, wie sehr ich die Zeit ohne feste Beziehung genoss. Und damit ließen wir es bewenden. Den Rest des Abends plauderten wir angeregt über belanglosere Themen, und Ailine bestätigte mir nach dem Essen beruhigenderweise, dass nichts dagegenspräche, mit einem netten, vertrauenswürdig erscheinenden Kumpel wie Samuel auf diesen Roadtrip zu gehen. Sie hatte allerdings das Gefühl, dass er ein Auge auf mich geworfen hatte: Er hätte mich anders angesehen als sie. Wir machten Scherze darüber, weil Ailine mit ihren roten Locken und ihrer Größe viel auffälliger war als ich. Aber wir waren uns einig, dass dies kein Grund war, um sich dieses Abenteuer entgehen zu lassen.

* * * *

Am frühen Freitagmorgen war es also so weit! Um 04:30 Uhr stand Samuel pünktlich vor meiner Tür, um mich, wie verabredet, abzuholen. Ich war bestens vorbereitet und hatte uns ein paar Samosas, Kekse sowie Wasser und Cola besorgt. Auch Samuel hatte extra einen Energydrink dabei, um auf der langen Fahrt durch die noch tiefdunkle Nacht ja nicht einzunicken. Trotz meiner kribbeligen Angespanntheit in den Tagen zuvor hätte ich es nicht für möglich gehalten, dass der Adrenalinschub bereits so früh einsetzte. Ich war jedenfalls voller Energie und bekam nach etwa einer Stunde Fahrt einen neuen Schub, der mich sofort hellwach machte. Samuel fuhr ohne Vorwarnung plötzlich links ran, um eine Pinkelpause zu machen. Es war immer noch stockfinster, und ich fühlte mich – so mutterseelenallein im Wagen in dieser einsamen Gegend – wie in ein Setting eines Horrorfilms versetzt. Samuel war so lange weg, dass ich ausreichend Zeit hatte, mir das Schlimmste auszumalen. Auf einmal überkamen mich doch Zweifel, ob es richtig gewesen war, bei einem fast Fremden ins Auto zu steigen. War er womöglich doch ein Psychopath? Sollte ich besser die Tür abschließen oder einfach abhauen? Mein Herz raste.

Es schien eine Ewigkeit zu dauern, bis ich im Rückspiegel im schwachen Licht eine sich nähernde Gestalt ausmachen konnte. Als Samuel wieder ins Auto stieg, tat ich so, als wäre ich bloß gelangweilt mit meinem Handy beschäftigt gewesen. Wir fuhren zunächst stumm weiter. Doch dann überkam mich ein schlechtes Gewissen, weil ich meiner Reisebegleitung sonst was zugetraut hatte.

Wild entschlossen, von nun an einfach eine gute Zeit zu haben, nahm ich unsere Plauderei von zuvor wieder auf. Wir sprachen auch über das Wetter. Unser großes Vorhaben sollte schließlich nicht durch Regen gefährdet werden. Aber die Wetter-App versprach, dass alles gut wäre. Und auch unsere Unterhaltung machte einfach gute Laune. Wir tauschten uns über Gott und die Welt aus und nutzten die restlichen vier Stunden Fahrt, um über jede Art von Musik zu sprechen und sie uns dann anzuhören – beispielsweise Ed Sheeran, Jeremy Loops und Linkin Park. Und natürlich spielte ich Samuel einige Songs von Muzi vor, den er noch nicht kannte. Ich erfuhr auch, dass er in seiner Freizeit Polo spielte, ein Hobby, das er vor allem seinem Vater zu verdanken hatte, der ein Gestüt besaß. Er erwähnte beiläufig, dass er in letzter Zeit allerdings kaum dazu gekommen war, weil andere Dinge gerade wichtiger für ihn seien.

Wir redeten und lachten viel und waren uns auch schnell einig, einen Zwischenstopp am Knysna Elephant Park zu machen. Weil es kurzzeitig doch danach aussah, dass es regnen würde, und ich keine Jacke dabeihatte, gab Samuel mir eine von seinen. Und als wir die Tickets und einen Eimer mit etwas Futter für die Elefanten besorgten, zahlte er mit seiner Karte, und ich gab ihm meinen Anteil in bar. Von außen betrachtet, gaben wir wahrscheinlich ein ganz normales Paar ab. Und es fühlte sich auch gar nicht seltsam an, so vertraut miteinander umzugehen, obwohl wir uns ja erst so kurz kannten. Im Gegenteil war unser Umgang miteinander total angenehm und unkompliziert.

Wir gingen durch die Ausstellung in der Lobby und waren beide sehr fasziniert von der Größe eines aufgestellten Elefantenskeletts und der Dicke der Haut. Die Tour begann mit einem kleinen Einführungsvideo über die Geschichte des Parks und Verhaltensregeln in der Nähe der Elefanten. Der Knysna Elephant Park war 1994 gegründet worden – zunächst mit zwei Elefantenkälbern mit den Namen Harry und Sally, die aus dem Krüger-Nationalpark gerettet worden waren. Seitdem waren mehr als 40 Elefanten in diesem Schutzgebiet versorgt worden. Die Betreiber haben seit jeher großen Wert auf das Wohlergehen der Tiere gelegt und genießen daher noch immer einen sehr guten Ruf. Jeder Besucher kann dazu beitragen, dass es so bleibt, und so waren auch wir bester Stimmung, als uns die Elefanten entgegenkamen und uns ihre Rüssel entgegenstreckten, weil sie wussten, dass sie etwas bekommen würden. Das Futter war im Nu verputzt, und es dauerte nicht lange, bis die faszinierenden Riesen sich umdrehten und wieder über das grüne Land davon stapften.

Von Guides begleitet, durften wir aus sicherer Entfernung weiter staunen und Fotos machen. Als einer von ihnen anbot, uns beide zusammen aufzunehmen, wollte ich schon lachend ablehnen, weil wir schließlich kein Paar waren. Doch dann dachte ich, es wäre trotzdem schön, ein gemeinsames Erinnerungsfoto von dieser beeindruckenden Erfahrung zu haben. Wir waren einfach nur fasziniert von diesen großen Tieren und hätten ihnen noch stundenlang zuschauen können, wären nicht irgendwann die nächsten Besucher gekommen. Auch wenn mir die Ambivalenz solcher Touristengruppen bewusst war, die zwar Geld, aber eben auch

Unruhe mit sich brachten, waren wir beide sehr happy über diese Begegnung, die auch noch nachwirkte, als wir am späten Nachmittag endlich in der Wild Spirit Backpackers Lodge ankamen.

Weil wir etwas warten mussten, bis uns jemand vom Empfang einchecken konnte, gönnten wir uns auf einer hölzernen Terrasse einen Tee und genossen die atemberaubende Aussicht auf den Urwald, der vor uns lag. Einer der Bäume sah aus, als hätte er das Gesicht eines Elefanten. Samuel hatte zunächst Mühe, es zu erkennen, und machte sich auf charmante Weise lustig über meine blühende Fantasie. Ohnehin neigte er dazu, mich mit humorvollen Worten zu necken. Aber nach einer Weile konnte er es auch sehen. Wir lachten einmal mehr gemeinsam und kamen so auf das Thema Halluzinationen.

»Hast du schon mal halluzinogene Drogen genommen?«, fragte er plötzlich.

»Nein, hab ich nicht und würde ich auch nie tun. Und wie sieht's bei dir aus?«

Er gestand mir, dass er bereits einige Erfahrungen damit hatte.

Als ich ihn fragend ansah, sagte er: »Mich reizt es, dadurch den Geist zu erforschen. Ich will zumindest alles mal ausprobiert haben, damit ich die Wirkung verstehe und erlebe, wozu wir fähig sind.«

»So kann man es auch sehen. Aber ich würde trotzdem keine Hirnschäden dafür riskieren«, entgegnete ich knapp und war froh, dass wir endlich unser Zimmer beziehen konnten. Zum Glück verfügte es über zwei getrennte Betten. Ich bot Samuel an, das große Bett mit der schönen Aussicht zu nehmen. Er hatte sich schließlich um alles gekümmert und die Fahrt übernommen.

Nachdem wir uns etwas eingerichtet und frisch gemacht hatten, erkundeten wir das Gelände. Es gab keinen Zaun, obwohl dort ein Pferd sowie einige Katzen und Hunde frei herumliefen. In der Nähe sollte es einen Wasserfall geben, sodass wir überlegten, uns zwei der in der Lodge angebotenen Mountainbikes zu leihen. Doch irgendwie hatte ich mehr Lust auf einen Spaziergang, als noch eine weitere neue Sportart an diesem intensiven Wochenende auszuprobieren. Zudem war es recht schlammig, sodass Samuel nachgab und wir uns zu Fuß auf den Weg machten.

Wir gingen eine ganze Weile und drangen immer tiefer ein in das satte Grün des Urwalds. Es war zwar nicht tropisch heiß an diesen Tagen, aber das gesamte Setting mutete trotzdem paradiesisch an. Als wir an einigen Hibiskusbäumchen vorbeikamen, stoppte Samuel und fragte: »Rot oder rosa?«

»Rosa«, antwortete ich und betrachtete die wunderschönen Blüten. Ich dachte, Samuel wolle mir zu verstehen geben, dass er nicht gut darin sei, Farbtöne exakt zu benennen, oder dass er farbenblind sei. Er pflückte eine rosafarbene Blüte und reichte sie mir mit diesem typischen schelmischen Grinsen. Erst da bemerkte ich selbst die vielen verschiedenen Rot- und Rosatöne der anderen Blüten und begriff, dass ich mir lediglich eine Farbe hatte aussuchen sollen. Wir bekamen beide einen Lachflash, als ich ihm das Missverständnis schilderte. Und so wanderten wir gut gelaunt weiter durch diese fast schon kitschig anmutende, traumhafte Kulisse, während ich versuchte, mir die Blüte hinters Ohr zu stecken.

Am Ende des Pfades mussten wir ganz dicht am Fluss entlangklettern, bis sich ein kleiner, aber beeindruckender Wasserfall vor uns zeigte. Es war auf eine Art so friedlich und ruhig, dass Samuel beiläufig bemerkte, dies sei der perfekte Ort, um eine Leiche zu verstecken. Ich hielt den Atem an! Aber nur wenige Augenblicke später musste ich schon losprusten. Denn Samuel grinste mich erneut breit an, weil er wohl meinen schockierten Blick bemerkt hatte.

Dieser Eisbrecher zeigte mir einmal mehr, dass alles gut war und mich mein Gesamteindruck nicht getäuscht hatte. Ich war an einen verdammt netten, einfühlsamen und dazu noch lustigen Kerl geraten, mit dem ich nur allzu gern gemeinsam zu Abend aß. Den angebotenen Wein lehnte ich wie immer dankend ab. Doch dann überraschte Samuel mich mit einer Flasche Amarula in seinem Gepäck. Ich fand das sehr aufmerksam, denn ich hatte bei unserer ersten Begegnung erwähnt, eigentlich nur wenige Ausnahmen bei Alkohol zu machen – wie zum Beispiel bei diesem Lieblingsdrink. Also ließ ich mich drauf ein, den Abend mit Samuel auf dem Sonnendeck im Baumhaus bei ein paar Gläsern Amarula ausklingen zu lassen. Wir genossen die grandiose Aussicht, bis es dunkel wurde, und kamen dabei auf immer tiefgründigere Themen zu sprechen.

Samuel erzählte mir von dem erschütternden Suizid seiner Schwester Claire, als sie 13 gewesen war. Er führte aus, dass sie beide ab einem sehr einschneidenden Zeitpunkt ohne ihre Mutter aufgewachsen waren. Als Samuel fünf Jahre alt gewesen war, hatte sie die Familie vollkommen überraschend verlassen, um in ihre Heimat nach Argentinien zurückzukehren. Er selbst war damit offenbar besser zurechtgekommen als seine drei Jahre jüngere Schwester. Seine Kindheit und Jugend sei davon überschattet gewesen, insbesondere weil sich sein Vater nach Claires Tod nur noch auf das Gestüt konzentrierte. Fast so, als könnte er den Verlust durch Arbeit und Polo verdrängen. Obwohl Samuel ebenfalls Polo spielte, interessierten ihn die Geschichten der Menschen immer mehr als die Pferde, was ihn dazu veranlasst hatte, sich stärker mit psychologischen Themen auseinanderzusetzen.

Ich war tief betroffen und konnte sehen, wie Samuel gegen seine Tränen ankämpfte. Es fühlte sich für mich so an, als wäre dies nicht die einzige traumatische Erfahrung, die er in seinem Leben gemacht hatte. Ich versuchte, ihn zu trösten, indem ich ihm versicherte, dass er sich nicht meinetwegen zusammenreißen müsse. Ich war es gewohnt, dass Menschen sich schnell mir gegenüber öffnen konnten. Vielleicht lag es daran, dass ich in der Lage bin, einen sicheren Raum zu schaffen, ohne jemanden zu verurteilen. Jedenfalls bedankte er sich bei mir, weil er noch nie so offen darüber gesprochen hatte. Zum Gute-Nacht-Gruß umarmten wir uns kurz, aber herzlich. Später lag ich noch eine ganze Weile wach nach all den vielen Eindrücken und vor dem großen Tag …

* * * *

Die Nacht vor dem Sprung war sehr unruhig. Im Halbschlaf bekam ich mit, wie Samuel kurz im Bad verschwand. Ich schlief sofort wieder ein, hatte aber einen seltsamen Traum, in dem er auf dem Rückweg an meinem Bett stoppte, sich über mich beugte und mir einen Kuss gab. Ich reagierte nicht, und so schlich er leise weiter zu seinem Schlafplatz. Verwirrt blieb ich zurück und konnte danach kaum mehr unterscheiden, ob ich noch träumte oder nicht. Ein Kuss kann verzaubern – oder vergiften. Doch dieser ließ mich mit vielen Fragezeichen zurück.

Bereits um 06:30 Uhr wachte ich wieder auf – mit Atemnot und Herzklopfen. Das Gefühl, das solche real erscheinenden Träume erzeugen können, wirkte immer noch nach. Und das erste Bild, das mir in den Sinn kam, war, wie ich am Rand der höchsten Brücke Afrikas stehe und 200 Meter in die Tiefe blicke. »Scheiße, scheiße, scheiße, warum mache ich das?«, ging es mir fortwährend durch den Kopf.

Ich hatte so viele verschiedene Dinge über Bungee-Jumping gehört. Eines davon war, dass sich die Zeit, in der man nur kopfüber hing, so unglaublich lang anfühlte, dass einem das ganze Blut ins Hirn schoss. Um körperlich und mental bestmöglich vorbereitet zu sein, hatte ich nicht nur immer wieder Handstand geübt und mehrere Minuten auf dem Kopf gestanden, sondern auch immer wieder Yoga-Einheiten gemacht. Doch an diesem frühen Morgen war nicht daran zu denken. Es gab in der Lodge zwar einen Raum, in dem man seine Matte ausbreiten konnte, doch noch sah ich mich dazu nicht in der Lage.

Stattdessen beschloss ich, ein paar Schritte zu gehen. Also schlich ich leise nach draußen und schlenderte nervös auf dem Gelände umher. Dort entdeckte ich einen Torbogen, der sich hervorragend als Kulisse für Hochzeiten eignete. Dahinter eröffnete sich ein imposanter Ausblick über das Tal, das an diesem Morgen in mystische Nebelschwaden gehüllt war. Es war so herrlich friedlich, dass ich mich allmählich wieder etwas beruhigen und nach einer Weile ins Zimmer zurückkehren konnte.

Auch Samuel war inzwischen wach geworden. Zum Glück hatten wir vorab eine Stunde Yoga in einer Gruppe gebucht, sodass ich nicht viel Zeit hatte, erneut in Panik zu geraten. Wir packten unsere Sachen für den Tag zusammen und gingen zum Übungsraum. Der Kurs ging nahtlos über in unsere anvisierte Abfahrtzeit, weswegen wir uns einen Platz in der Nähe des Ausgangs suchten. Wie sich herausstellte, waren die Asanas dann doch genau das Richtige, um ganz runterzukommen. Es fühlte sich so gut an, den Tag mit einigen entspannenden Dehnungen zu beginnen und die Gedanken und Gefühle in meinem Körper zu neutralisieren. Eine der Katzen schlich sich in den Raum und schmiegte sich um die Beine von uns allen, was ebenfalls eine willkommene Ablenkung war. Als wir losfuhren, war ich schließlich doch vollkommen entspannt und freute mich sogar auf das verrückte Abenteuer!

* * * *

Als wir nach 20 Minuten Fahrt ankamen, hatte ich spürbar weiche Knie. Natürlich hatte ich zuvor reichlich recherchiert, dass hier an der Bloukrans Brigde noch nie etwas Schlimmes passiert war. Die Leute, die offenbar gerade von ihrem Sprung zurückkamen, hatten auch alle ein breites Lächeln im Gesicht. Es gab also keinen Grund, sich Sorgen über Dinge zu machen, die nicht passieren würden. Trotzdem konnte ich meine Angst wohl kaum verbergen, denn Samuel wies mich darauf hin, dass wir es sicher bis hierher geschafft hätten und die Wahrscheinlichkeit eines Autounfalls viel höher sei als alles, was während des Sprungs passiert. Ich stimmte ihm lachend zu und merkte, wie sich das Adrenalin nach und nach in Aufregung verwandelte. Allmählich setzte sich die Vorfreude auf den Sprung wieder durch – ich wollte nicht länger warten!

Aber wir mussten geduldig sein und zunächst gewogen werden, die Ausrüstung anlegen, uns die Sicherheitsunterweisung anhören und unser Todesurteil, auf eigene Gefahr zu springen, unterschreiben, wie wir scherzten. Dann endlich durften wir den schmalen Weg auf der Brücke betreten, von dem ein paar Leute gesagt hatten, dass dieser Gang das Furchteinflößendste an dem Ganzen war. Man läuft über ein flexibles Metallgitter, das auf jeder Seite durch einen Handlauf und ein Netz geschützt ist. Rundherum herrschte Partystimmung durch die Hip-Hop-Sounds und Afro-Beats, die aus den Lautsprechern kamen.

Die bestens gelaunten Mitarbeiter erklärten uns, dass sie unsere Nummern aufrufen würden, sobald wir an der Reihe wären. Als die Erste nach vorn trat, fieberten wir alle mit. Die junge Frau sah ziemlich verängstigt aus. Wir bekamen hautnah mit, wie sie schrie, als sie sprang und dann wieder hochgezogen wurde. Den Sprung selbst konnte man über einen Monitor verfolgen.

Es ging alles sehr schnell. Sie riefen eine Nummer, befestigten das Seil mit einem Gurt am Knöchel, führten die Person zum Rand der Brücke, zählten herunter, ließen sie springen und zogen sie wieder hoch. Es machte Spaß, dem Team dabei zuzusehen. Die Atmosphäre war großartig, sodass sich gar keine Panik breitmachen konnte. Dann plötzlich war Samuel an der Reihe.

Ich wünschte ihm schnell und aufgeregt viel Glück und bewunderte, wie lässig er sprang. Nachdem er auch schon wieder hochgezogen worden war, grinste er mich sehr glücklich an und gab mir ein »Daumen hoch«. Ich konnte es nun kaum noch erwarten, zu erleben, wie sich das anfühlte, musste mich aber trotzdem noch ein bisschen in Geduld üben.

Und dann – endlich – wurde meine Nummer, die 37, aufgerufen. Ich spürte, wie mir das Adrenalin durch die Gliedmaßen schoss. Nun wurde es ernst! Ich musste mich auf eine Metallkiste setzen, damit mir die Ausrüstung um meine Knöchel gelegt und die Schnur daran befestigen werden konnte. Einer der Mitarbeiter versuchte, mit mir zu reden. Aber ich konnte nicht erfassen, was er sagte. Ich war mir nicht sicher, ob ich vor Angst gelähmt war oder ob mein Gehirn einfach nicht richtig funktionierte. Ich konnte seine Worte hören, aber irgendwie nicht identifizieren. Ich muss ihn wie ein Schaf angestarrt haben, denn er wiederholte, was er gesagt hatte. Diesmal auf Englisch. Er muss wohl gedacht haben, ich sei Südafrikanerin, weil er mich vorher mit Samuel hatte sprechen sehen. Der lässige Typ fragte mich nach meinem Namen und woher ich käme. Er wusste wohl, wie man es den Leuten so angenehm wie möglich machte, indem der Fokus verlagert wurde, weg von dem, was in ein paar Sekunden passieren würde. Er plauderte einfach immer weiter, um mir ja keine Chance zu geben, darüber nachzudenken. Ich fühlte mich wie ein Pinguin mit zusammengebundenen Beinen. Zwei Mitarbeiter halfen mir, zum Rand der Brücke zu hüpfen. Sie versicherten mir, dass ich bestens befestigt sei, und erinnerten mich daran, nach oben in die Kamera zu schauen. Doch ich konnte nicht anders, als einen kurzen Blick nach unten zu riskieren, was ein großer Fehler war! Mich überkam nun doch die blanke Panik.

Dann begannen sie, von drei herunterzuzählen. Ich presste zitternd meine Lippen fest aufeinander. Dann kam die Zwei, und ich dachte nur: »Oh scheiße, das ist tief, ich sollte ...«, und bei der Eins gaben sie mir auch schon einen kleinen Schubs, bevor ich meinen Satz zu Ende denken konnte. Ich ließ es einfach geschehen. Mir war absolut klar, wenn ich jetzt Widerstand leisten würde, wäre alles aus, weil meine Todesangst viel zu groß war, um aus freien Stücken zu springen. Es würde mit jeder Nanosekunde schlimmer werden, und so blieb mir nichts anderes übrig, als loszulassen.

Im Briefing hatten sie uns genau erklärt, dass wir leicht in die Knie gehen und von der Brücke wegspringen sollten, um kopfüber runterzukommen. Obwohl ich wie schockgefroren erstarrt war und alles plötzlich sehr schnell ging, fühlte es sich so an, als würde ich mich in Zeitlupe bewegen. Ich ließ mich also einfach von der Brücke fallen und weil ich mich in derselben Sekunde an die Anweisung erinnerte, versuchte ich noch, mich wegzudrücken, obwohl es längst zu spät war, sodass meine Beine lustig in der Luft tanzten. »Fuck, fuck, fuck, shit, scheiße, scheiße«, schoss es mir voller Panik durch den Kopf.

Doch dann – innerhalb von wenigen Sekunden – verwandelte sich meine Angst in pure Glückseligkeit! Ich bemerkte nicht mal, wann ich den tiefsten Punkt erreicht hatte und wann das Seil mich wieder nach oben zog. Es fühlte sich an, als würde ich fliegen! Und das erschien mir gar nicht so fremd, wie man meinen könnte. Denn ich hatte zuvor schon so oft vom Fliegen geträumt und tatsächlich in diesen Träumen gelernt, wie man fliegt. Dieser Traum kam immer wieder. Am Anfang konnte ich mich nur ein oder zwei Meter vom Boden abheben. Dann lernte ich langsam, in der Luft zu bleiben. Viele Jahre später konnte ich so hoch wie ein Wolkenkratzer fliegen und sogar auf seinem Dach landen. Ich fühlte mich immer sicherer und begann im Traum sogar, einige meiner Freunde zu trainieren.

Sich auf und ab oder vor und zurück in der Luft zu bewegen, war so leicht in meinen Träumen, nur dieses Mal war ich wach und hatte eine majestätischste Landschaft vor Augen! Die 360-Grad-Sicht war so grandios, wie ich sie noch nie zuvor erlebt hatte. Wenn man normalerweise von einem Aussichtspunkt in die Ferne blickt, bleibt trotzdem ein Teil verborgen. Aber wenn man kopfüber hängt und wie ein Vogel durch die Luft gleitet, nimmt man diese wunderbare Welt ganz anders wahr! Ich fühlte mich wie eine menschenliche Drohne und war so fasziniert davon, dass ich versuchte, diesen besonderen Moment intensiv aufzunehmen. So lange, bis ich eine Stimme hörte, die mich fragte, ob ich hierbleiben oder wieder hoch möchte. Ich erschrak, denn ich hatte noch gar nicht erwartet, dass mich so schnell hier unten jemand abholen würde. Am liebsten hätte ich diese Erfahrung noch länger ausgekostet oder gar direkt wiederholt!

Meine Erleichterung war grenzenlos. Und auch wenn mein Adrenalinpegel vermutlich noch immer extrem hoch war, war ich innerlich vollkommen entspannt. Ich hatte befürchtet, ich würde in letzter Sekunde einen Rückzieher machen oder irgendeine Art von Trauma erleiden. Aber es war genau das Gegenteil. Ich hatte mich meiner größten Angst gestellt und war unfassbar stolz und glücklich.

Der gruseligste Part kam allerdings erst jetzt, als ich zusammen mit einem Mitarbeiter an einem beängstigend dünnen Seil wieder nach oben gezogen wurde. Ich versuchte, diesem winzig kleinen Karabinerhaken, an dem ich befestigt war, keine Aufmerksamkeit zu schenken, und konzentrierte mich einfach auf das Gespräch meines Begleiters. Als wir wieder auf der gigantischen Höhe der Brücke ankamen, sah Samuel mich erwartungsvoll an. Nachdem ich wieder festen Boden unter den Füßen hatte und von meiner Ausrüstung befreit worden war, fiel ich ihm glückselig in die Arme. Diesen Tag würde ich niemals vergessen.

Auf der Rückfahrt zur Lodge plapperten Samuel und ich wild durcheinander, um dieses magische Abenteuer zu verarbeiten. Auch wenn es für ihn bereits der zweite Sprung gewesen war, konnte er meine Begeisterung über die bestandene Challenge absolut nachvollziehen. Auch er hatte diesen Tag als unvergesslich empfunden und ähnliche Ängste durchgestanden, obwohl er sie, wie er augenzwinkernd sagte, vor mir verborgen hatte, um mich nicht noch nervöser zu machen.

Ich fand das sehr rücksichtsvoll und fühlte mich ohnehin zunehmend wohl an seiner Seite. Egal, worüber wir plauderten – wir verstanden uns so gut, dass es gar keine Frage war, auch an diesem Abend gemeinsam zu essen. Aber ich war doch auch erleichtert, dass neben uns am Tisch ein deutsches Paar saß, mit dem wir uns, Samuel zuliebe, auf Englisch über unsere Südafrika-Erfahrungen austauschten und den Anlass unseres Wochenendtrips. Sie hießen Sarah und Daniel, und ich betonte ihnen gegenüber, dass Samuel und ich lediglich Freunde waren.

Doch dann passierte etwas, das mich verstummen ließ. Drinnen in dem Restaurant mit der ausladenden Terrasse, in dem vereinzelt weitere Gäste gechillt ihre Drinks genossen, gab es verschiedene Instrumente. Samuel griff nach einer Gitarre und setzte sich in der anderen Seite des Raumes vor den Kamin. Vielleicht weil er der Unterhaltung nicht mehr ganz so interessiert folgen konnte wie ich, die es immer spannend fand, andere Menschen kennenzulernen, noch dazu andere digitale Nomaden, die ähnliche Auswanderambitionen hatten wie ich. Als er begann, ein wenig an den Saiten zu zupfen, horchte ich auf. Ich konnte kaum glauben, was ich da hörte, und bekam Gänsehaut. Denn natürlich erkannte ich den Song bereits nach den ersten Akkorden: Es war *Greensleeves*!

Ich saß einfach nur da, hielt inne und dachte erneut, ich träume. Wie konnte das sein? Ich war tief berührt und sog den Moment vollkommen auf. Da saß dieser Kerl, spielte das Lied, das mir seit meiner Kindheit so unendlich viel bedeutete, und war ganz versunken darin, ohne zu bemerken, wie ergriffen auch die anderen Gäste waren. Die untergehende Sonne hüllte den ganzen Raum in ein warmes, goldenes Licht, in dem Samuel mir plötzlich ganz anders erschien.

Das erste Mal betrachtete ich ihn als Mann, der zwar noch immer nicht mein Typ war, aber auch nicht unattraktiv mit seinen blonden, mittellangen, zurückgestrichenen Haaren und grünen Augen. Dennoch war er recht klein und eben jünger als ich und hatte zudem einen vollkommen anderen Kleidungs- und Lebensstil, weswegen ich auch jetzt zwar keine Anziehung verspürte, aber ich war so überwältigt von dem geradezu kitschig anmutenden Setting, dass ich mich immer wieder innerlich ermahnen musste, diesem Anklang von Serendipity keine Bedeutung zuzumessen. Also behielt ich auch für mich, wie perplex ich über die Wahl des ersten Songs war, dem noch ein paar weitere folgten, bevor wir gegen 23:00 Uhr müde in unsere Lodge verschwanden. Dort ergab es sich ebenfalls »zufällig«, dass wir beide zeitgleich Zähne putzten. Dabei erinnerte ich mich an einen Kommentar einer meiner engsten Freundinnen Julie, die behauptet hatte, dass Zähneputzen etwas sehr Intimes sei. Ich musste darüber schmunzeln, weil ich das eher pragmatisch sah, und wischte den Gedanken damit einfach amüsiert beiseite.

Müde und voll von Eindrücken legte ich mich in mein Bett und verfasste noch kurz einen Post über den heutigen Sprung und meine damit verbundene Angst. Kurz bevor ich das Handy weglegen wollte, ploppte ein Zitat-Post von einem unbekannten Autor auf, der mich dann doch etwas länger wachhielt, als ich wollte. Denn es kam mir vor wie eine Botschaft, die direkt an mich gerichtet war und mir sagen wollte: Alles hat einen Grund, also auch, dass das Schicksal mir diese besondere Begegnung beschert hatte:

»It might take a year, it might take a day, but what's meant to be will always find its way« – »Es mag ein Jahr dauern, es mag einen Tag dauern, aber was sein soll, wird immer seinen Weg finden.«

****

Am nächsten Morgen wurden wir gegen 07:00 Uhr sanft von der aufgehenden Sonne geweckt. Es war endlich etwas wärmer als die Tage zuvor. Wir wollten direkt nach dem Frühstück losfahren, um sicherzustellen, dass ich pünktlich zu meiner Feier zurück sein würde. Es dauerte nicht lange, bis Samuel und ich während der Fahrt auf den zurückliegenden Abend und das Paar, das wir kennengelernt hatten, zu sprechen kamen. Sarah hatte stolz erwähnt, dass sie auf dieser achtwöchigen Südafrika-Reise einen Heiratsantrag bekommen hatte.

»Willst du auch mal heiraten?«, fragte Samuel, ohne seinen Blick von der Straße abzuwenden.

Ich zögerte zunächst mit einer Antwort, um dann etwas auszuholen: »Dadurch, dass ich schon seit mehreren Jahren Hochzeiten fotografiere, habe ich mir zumindest schon unendlich viele Gedanken dazu gemacht, wie ich heiraten würde. Aber das kommt natürlich auf den Partner und die jeweilige Situation an.«

»Du meinst, ob man Kinder hat, zum Beispiel?«, fragte er weiter und warf mir einen Blick zu, den ich niemals vergessen werde. Auch wenn er nur kurz war, weil er wieder zügig auf die Fahrbahn sah, lag darin etwas Besonderes.

Vielleicht waren es auch bloß meine Fortpflanzungshormone, die jubelten, als er auf mein zaghaftes Nicken hin ausführte: »Ich liebe Kinder! Am liebsten hätte ich drei! Ich freue mich schon voll darauf, Papa zu sein.«

Ich musste plötzlich an meinen Brief denken und all die magischen Momente, die ich rund um dieses Wochenende erlebt hatte.

Ich bin mehr als glücklich, dass uns Serendipity auf so magische Weise zusammengeführt hat! (...) Ich fühle mich immer so sicher mit dir. Niemand unterstützt und motiviert mich so wie du. Mit dir darf ich wirklich so sein, wie ich bin, ohne mich dabei unwohl zu fühlen.

Und natürlich hatte ich die ganze Zeit über das Lied im Kopf, das Samuel zufällig – oder auch nicht – gespielt hatte. Und ich erinnerte mich an den seltsamen Feuerball am Himmel, kurz bevor wir uns getroffen hatten.

Ich merkte jedenfalls, wie diese Äußerungen ein warmes Gefühl in meinem Bauch hervorriefen. Denn ich hatte selten Männer getroffen, die so liebevoll über die Gründung einer Familie sprachen.

Rasch versuchte ich, die aufkommende romantische Stimmung zu stoppen. »Na, dann drücke ich dir die Daumen, dass du bald die Richtige dafür findest.«

Doch offenbar war das gar nicht nötig. Denn er sagte lachend, er habe vor einiger Zeit sogar schon zwei Tickets für das Konzert von Ed Sheeran besorgt, um eine Frau zu beeindrucken. Es sei ein Riesenakt gewesen, da ranzukommen. Er wisse zwar noch nicht, wer ihn begleiten würde, aber er sei sich ganz sicher, bis dahin wieder eine Freundin zu haben.

Und dann erzählten wir uns gegenseitig die besten Anekdoten aus unserer Kindheit – auch eine meiner Lieblingsstorys, die meine Mutter immer wieder aufgriff, nämlich, wie ich als Fünfjährige hinten in ihrem Auto gesessen hatte und mir voller Freude die Welt angesehen und verkündet hatte: »Mama, ich lebe so gerne!«

Samuel lachte herzlich darüber und bestätigte, ich sei ein sehr positiver Mensch. Wenn ich wolle, könne ich mit zu dem Konzert kommen. Ich bekam kurz einen Anflug von Panik, weil ich nicht einordnen konnte, ob dies eine charmante Anspielung sein sollte.

»Aber natürlich nur unter der Bedingung, dass ich bis dahin keine Freundin habe, die ich sonst mitnehme«, schob er zu meiner Erleichterung hinterher.

Ich liebe die Musik von Ed Sheeran und versprach daher, gerne einzuspringen, falls es wirklich nötig sein würde. Daraufhin hörten wir sein neustes Album, und so verging die kurzweilige Fahrt wie im Flug. Pünktlich wurde ich wieder vor meiner Haustür abgesetzt, wo ich mich angemessen für alles von ganzem Herzen bedankte.

REFLEXION

Bis zu diesem Zeitpunkt hatte ich keinerlei Grund, Samuel zu unterstellen, er zeige Anzeichen einer Persönlichkeitsstörung oder gar einer narzisstisch geprägten Persönlichkeit, über die ich damals so gut wie nichts wusste. Im Gegenteil erschien er mir als ein sehr aufgeschlossener und freundlicher Mensch. Und doch gab es da etwas, das ich von Beginn an mit etwas Befremdung wahrnahm, nämlich, wie schnell er über andere urteilte. Wenn er mit irgendetwas nicht konform ging, brachte er das gern auf eine humorvolle bis sarkastische Weise zum Ausdruck. So erinnere ich mich beispielsweise daran, wie er sich bei unserer zweiten Begegnung, dem Essen mit Ailine, über andere Restaurantbesucher lustig gemacht hatte, weil sie auffallend stylish gekleidet waren. Da ich keine Lust hatte, mich womöglich ebenfalls abfälligen Kommentaren auszusetzen, verzichtete ich bei unserem Wochenendtrip darauf, meine etwas ausgefalleneren Lieblingsoutfits mitzunehmen.

Mein Fokus lag voll und ganz darauf, meine Angst vor dem Sprung in Zaum zu halten. Dennoch zeigte ich mit meinem, wenn auch nur leicht, angepassten Verhalten Tendenzen einer sogenannten Co-Abhängigkeit, auf die ich im weiteren Verlauf noch näher eingehen werde. Diese ist insofern problematisch, als Personen mit narzisstischen Verhaltensweisen dazu neigen, andere Personen und eben auch Partner oder Partnerinnen systematisch abzuwerten. Sie versuchen, ihren Mangel an Selbstwertgefühl zu überdecken und sich aufzuwerten, indem sie beispielsweise subtil abwertende Kommentare abgeben, ohne in die direkte Konfrontation zu gehen. Sie selbst nehmen es möglicherweise gar nicht als verletzend oder destruktiv wahr, sondern als Ausdruck von Intelligenz oder Humor, weshalb sie oft clever und überlegen wirken.

Auch mir gegenüber gab Samuel hier und da Sticheleien von sich, die ich nicht eindeutig als flirtartige Neckerei einordnen konnte. Ich sah unsere Verbindung ohnehin als rein freundschaftlich an und war durchaus dankbar dafür. Ich fand es auch sehr charmant, dass Samuel den Amarula aus seinem Gepäck hervorholte und er sich also dieses kleine Detail aus unserem Gespräch gemerkt hatte, aber war viel mehr damit beschäftigt, ihn auf Distanz zu halten. Denn ich befürchtete, dass er sich möglicherweise doch mehr von diesem Wochenende erhoffte.

Ich erinnere mich, dass ich ihn in diesem Moment ansah und etwas einwenden wollte. Doch ich dachte nur: »NEIN, Farina, auf gar keinen Fall! Das geht gar nicht!« Ich war mir absolut sicher, dass Samuel weder optisch mein Fall war noch vom Alter her passte, weil er knapp vier Jahre jünger war als ich. Allein den Gedanken an eine potenzielle Romanze wollte ich so schnell wie möglich wieder abschütteln und bemühte mich daher im weiteren Verlauf des Trips umso mehr, kein Interesse zu zeigen und zu verdeutlichen, dass wir uns in der Friendzone befanden. Ich kam mir dadurch teilweise etwas gemein vor, wollte aber um jeden Preis vermeiden, dass er sich Hoffnung auf mehr machen könnte. Wenn dies gelingen würde, so stellte ich mir vor, hätte ich in Samuel einen neuen guten Freund gewonnen, mit dem ich noch weitere gemeinsame Abenteuer erleben könnte.

3 EIN NEUER BEGINN

Am Montag nach unserem Roadtrip traf ich mich erneut mit Ailine auf einen Spaziergang durch den Green Point Park. Mit einem köstlichen Smoothie in der Hand schlenderten wir weiter entlang der Sea Point Promenade nordwestlich vom Zentrum bis nach Bantry Bay. Ich liebte die quirlige Atmosphäre dort, die all die Jogger und Skater verbreiteten. Die Küstenlinie zum traumhaften Atlantik ist ein einziges Outdoor-Gym und auch Landefläche für Paraglider. Die perfekte Kulisse, um Ailine begeistert in allen Einzelheiten von diesem unvergesslichen Wochenende zu berichten.

Meine Freundin hätte sich uns am liebsten angeschlossen, hatte aber leider schon andere Pläne gehabt. Sie freute sich dennoch mit mir über diese besondere Erfahrung und ließ sich in aller Ausführlichkeit schildern, wie aufregend der Ausflug gewesen war. Es tat gut, all die Eindrücke im Gespräch noch einmal zu sortieren, zumal wir so viel mehr erlebt hatten als nur diesen Sprung, der mich maximal aus meiner Komfortzone geschleudert hatte. Und mehr noch – da war etwas, das mich darüber hinaus intensiv beschäftigte.

»Weißt du, was wirklich verwirrend ist?«, fragte ich Ailine. »Ich habe mich mit Samuel die ganze Zeit über sehr wohl gefühlt, obwohl wir uns doch kaum kennen. Wir haben viele gleiche Ansichten, eine ähnliche Denkweise und sogar die gleichen Lebensvisionen. Irgendwie fühlte es sich an, als hätten wir eine besondere Verbindung.«

Ailine grinste, was mich dazu veranlasste, sofort zu widersprechen: »Nicht so! Er ist absolut nicht mein Typ und viel jünger als ich. Ich weiß auch überhaupt nicht, was er denkt.«

»Wahrscheinlich gar nichts«, entgegnete Ailine lachend. »Du weißt doch, wie Jungs sind. Sie versuchen am Anfang immer, dich zu beeindrucken.«

Ich stimmte ihr zu. Ich hatte durchaus wahrgenommen, dass ich Samuel zumindest nicht gleichgültig war. Immer wieder hatte er interessante Dinge gesagt und sich sehr zuvorkommend verhalten.

Ich winkte ab. »Na ja, egal, ein toller Kumpel ist er jedenfalls.« Dennoch dachte ich weiter darüber nach, weshalb Ailine mich fragend mit hochgezogenen Augenbrauen ansah.

»Oder wünschst du dir doch, dass da mehr ist?«, fragte sie mit vielsagendem Unterton.

Ich schüttelte vehement den Kopf, musste aber mir und ihr eingestehen, wie irritiert ich darüber war, dass Samuel und ich eine Ebene hatten, die ich nicht erklären konnte. Ich musste an den Brief an meine *future Love* denken und daran, wie sehr es mich berührt hatte, wie liebevoll und unbeschwert Samuel über seine zukünftigen Kinder gesprochen hatte.

Ailine bewahrte mich davor, all dem zu viel Bedeutung beizumessen: »Vergiss nicht, dass so eine krasse Erfahrung ja auch zusammenschweißt. Vielleicht wäre es dir mit jedem so ergangen!«

Ich pflichtete ihr bei und versuchte, mir einzureden, dass schon allein deswegen keine schicksalhafte Liebesgeschichte zwischen uns entstehen könnte, weil ich schon sehr bald wieder nach Europa fliegen würde.

Mein Leben verlief gerade chaotisch, meine Auswanderung nach London hatte Priorität. Ich wollte die Weihnachtszeit nutzen, um mir dort wieder eine Bleibe zu suchen und mich noch besser einzuleben. Für die ersten Wochen konnte ich bei einem Bekannten von mir unterkommen, der zufällig ein WG-Zimmer frei hatte. Außerdem standen einige wichtige Fotoshoots an. Auch wenn ich im Anschluss sehr wahrscheinlich wieder in Kapstadt überwintern wollen würde, hieß das noch lange nicht, dass es schlau wäre, sich in einen Südafrikaner zu verlieben.

Ich blickte auf die tobenden Wellen, in denen man mit etwas Glück Delfine oder Robben entdecken konnte, und suchte aber mehr noch nach einer Erklärung für die einschneidende Begegnung mit Samuel. Aber ich fand keine!

Uns trennten nicht nur Kontinente, sondern Welten, wenn man bedachte, wie unterschiedlich unsere Lebensweisen trotz ähnlicher Werte doch waren. Samuel hatte rein gar nichts mit meinen Ex-Freunden gemeinsam. Außerdem würde ich erst im Februar wieder zurückkommen, und bis dahin würde er bestimmt seine Konzertbegleitung kennenlernen. Und das war auch gut so!

Die nächsten Tage flogen nur so dahin. Ich hatte jede Menge Verabredungen mit Freunden, denen ich versprochen hatte, mich während meines Aufenthalts mit ihnen zu treffen, zumal ich weiterhin den Luxus genoss, keine Jobs erledigen zu müssen. Den Rest der Zeit füllte ich mit der Nachbearbeitung von Fotos, die ich in den zurückliegenden vier Wochen gemacht hatte.

Immer wieder kam mir dabei Samuel in den Sinn. Wenn ich nicht gerade damit beschäftigt war, darüber nachzudenken, ob es richtig war, weiterhin Kontakt zu halten, tauchte er auch schon bei der Sichtung meiner Speicherkarten und Fotosammlung meines Handys auf – ob bei dem Besuch im Elephant Park oder kurz nach dem Sprung, als wir wie ein verliebtes Paar megahappy in die Kamera strahlen.

Tatsächlich hatte Samuel inzwischen nach einer weiteren Verabredung gefragt, die ich höflich ohne Erklärung ablehnte. Ich wollte ihm nicht das Gefühl geben, an ihm als Mann interessiert zu sein, sondern bloß als Kumpel, mit dem ich vielleicht auf das Ed-Sheeran-

Konzert gehen würde und sicher auch mal wieder essen, wenn ich in ein paar Monaten nach Kapstadt zurückkehren würde.

Auf seine gewohnt gewitzte, aber auch interessierte Art schaffte er es aber doch, unsere Kommunikation aufrechtzuerhalten, ohne dass es unangenehm wurde. Im Gegenteil – immer wieder stellte er mir interessante Fragen, die mich dazu brachten, Dinge zu reflektieren. Wenn ich etwa in einer an sich belanglosen Nachricht in Bezug auf das Thema Schlange stehen erwähnte, Geduld zähle nicht zu meinen Stärken, fragte er: »Was denn dann?«

Als Antwort schickte ich ihm einfach ein paar der schönsten Aufnahmen, die ich auf unserem Trip gemacht und bereits editiert hatte. Und prompt rief er mich über Skype an, um sich dafür zu bedanken und zu verabschieden, wie er sagte. Er wünschte mir eine gute Reise und bekräftigte, er würde sich freuen, wenn wir Kontakt halten würden. Und das taten wir – ab sofort! Irgendwie gelang es Samuel immer wieder, mich in einen unterhaltsamen Austausch zu verwickeln, und er nahm beim Chatten auch den Faden mit den Stärken wieder auf.

Er meinte, ich hätte sicherlich noch weitere, abgesehen von dem Talent, andere ins rechte Licht zu rücken. Ich dachte auch darüber länger nach und fand, eine meiner größten Stärken dabei war, die Menschen genau zu beobachten, um in kürzester Zeit herauszufinden, wie ich sie authentisch von ihrer besten Seite in Szene setzen kann. Bei Samuel war mir aufgefallen, dass er eine angespannte Körperhaltung hatte, so als würde er sich konstant kontrollieren – sowohl innerlich als auch äußerlich. Es war kein Wunder, dass er ein Sixpack hatte, obwohl er gar kein Krafttraining machte. Vielleicht kam das auch vom Polo spielen, was offensichtlich nicht nur Geschicklichkeit, sondern auch eine starke Körperbeherrschung verlangte.

»Ich glaube, ich bin eine sehr gute Beobachterin und kann komplexe Situationen angemessen erfassen«, sagte ich schließlich.

Samuel fand das spannend und antwortete begeistert: »Interessant! Mir geht's genauso. Ich kann auch klarsehen – in all dem

Bullshit.« Ich verstand, dass er mir sagen wollte, auch er nehme die Dinge hinter dem Offensichtlichen wahr. Und so kamen wir erneut von Hölzchen auf Stöckchen – mal tiefgründig, mal albern, aber immer mit einer gewissen Leichtigkeit.

Bei dem letzten Call, zwei Tage vor meinem geplanten Rückflug, überredete er mich dazu, mich von ihm zum Flughafen bringen zu lassen. Ich lehnte sein freundliches Angebot zunächst ab. Doch er blieb auf eine charmante Art hartnäckig, sodass er an dem Morgen meiner Abreise an meiner Tür klingelte und mich mit einer herzlichen Umarmung begrüßte. Allein die Tatsache, dass er einmal mehr so pünktlich und zuverlässig war, beeindruckte mich. Sowohl von meinem Vater als auch meinem Ex-Freund war ich es nicht gewohnt, dass Männer gut organisiert waren und Vereinbarungen einhielten.

Nachdem er mein Gepäck im Kofferraum seines BMWs verstaut hatte, schoben wir uns durch den morgendlichen Berufsverkehr und plauderten über seine Pläne, bald aufs Land zu ziehen. Er lud mich ein, ihn dort zu besuchen, sobald ich wiederkäme. Ich bedankte mich, aber entgegnete ehrlich, ich wisse noch gar nicht genau, wann ich zurück sein würde. Mein Plan war, spätestens im Februar für weitere acht Wochen nach Kapstadt zu kommen. Aber ich hatte keine Ahnung, ob ich das mit meinen Aufträgen und vor allem mit meinen Plänen innerhalb Londons hinbekommen würde.

»Ich habe auf jeden Fall ein Problem damit, dass du gehst!«, sagte er plötzlich und warf mir wieder einen dieser Blicke zu.

Ich hielt den Atem an. »Warum?«, fragte ich bemüht beiläufig und bemerkte aber, wie sich mein Puls beschleunigte.

»Weil ich dich mag!«, antwortete er.

Oh nein, ich will nicht, dass das passiert! Hofft er etwa, dass das auf Gegenseitigkeit beruht? Ich habe es befürchtet! Wie komme ich da wieder raus?

Tausend Gedanken schossen mir durch den Kopf. Aber ich hatte keine Idee, was ich darauf erwidern sollte. Ich wollte ihn nicht verletzen, ihm aber auch keine Hoffnung machen. Nur wie sollte ich das sagen? Meine Synapsen verhedderten sich komplett, sodass ich nur ein »Äh, okay!« herausbekam.

Dann herrschte Stille im Auto. Ich wühlte in meiner Tasche herum und suchte nach meinem Handy und meinem Reisepass … die Stille wurde immer unangenehmer, bis Samuel sie an einer roten Ampel durchbrach: »Also, du hast nichts dazu zu sagen?«

Er sah mich eindringlich an.

»Ich weiß nicht, was …«, entgegnete ich und wich seinem Blick aus. Er konzentrierte sich wieder auf den Verkehr, und ich quälte mich schweigend mit der Frage herum, ob ich ihn einweihen solle in all meine wirren Gedanken über ihn, über mich, über uns …

Soll ich ihm von dem Brief an meine zukünftige Liebe erzählen? Davon, wie ähnlich wir uns sind und wie verschieden? Soll ich ihm sagen, dass ich diese Ebene nicht will, er gar nicht mein Typ ist und ich trotzdem irgendwie Gefallen an unseren Gesprächen finde?

Ich war komplett überfordert mit der Situation, die ich zwar irgendwie hatte erahnen können, auf die ich aber trotzdem nicht vorbereitet war. Zum Glück hatte Samuel die Gabe, die plötzlich krampfige Stimmung aufzulockern, indem er einfach das Thema wechselte. Allerdings verwirrte mich das beinahe noch mehr. Denn nun wusste ich gar nicht mehr, ob dies der richtige Moment war, um klar zu sagen, dass wir uns zwar bestens verstanden, aber ich keinerlei Anziehung verspürte. Oder doch?

Als wir uns dem Flughafengelände näherten, wurde ich immer nervöser. Denn es blieb nicht mehr viel Zeit, um die Wahrheit auszusprechen. Aber war das überhaupt nötig? Ihn vor den Kopf zu stoßen, obwohl er immer so hilfsbereit und freundlich gewesen war? Oder gerade deswegen? Hatte er nicht verdient, dass ich ihm offen und ehrlich begegnete?

Als wir auf den Parkplatz zusteuerten, legte ich mir bereits ein paar Worte zurecht. Doch der Trubel um uns herum machte es nicht einfacher. Und schon war Samuel aus dem Wagen gestiegen, um mein Gepäck aus dem Kofferraum zu holen. Wir standen uns gegenüber. Er blickte mir tief in die Augen.

»Ich weiß gar nicht, wie ich dir danken kann …«, brachte ich hervor.

»Ich bringe dich noch zum Check-in«, erklärte er. Ich hob abwehrend die Hände und sagte, er habe schon mehr als genug für mich getan und dass ich mich wirklich gefreut hätte, ihn kennengelernt zu haben. Schließlich war das auch die Wahrheit. Und dann – scheinbar wie aus dem Nichts und doch irgendwie durch Blicke angedeutet – kam er näher und strich mir übers Haar. Gerade als er noch näher kam und mich küssen wollte, wand ich mich mit rasendem Herzen blitzschnell aus dieser surreal erscheinenden Lage.

»Ich muss mich beeilen«, sagte ich und drückte ihn zum Abschied, so kräftig und kurz wie möglich.

»Thanks for all, bye!«, rief ich, während ich meine Koffer griff und eilig in Richtung Eingangshalle verschwand. Ich winkte Samuel durch die gläserne Tür noch einmal zu. Er winkte mit seinem schelmischen Lächeln zurück. Ich flüchtete mich in die Halle zur Anzeigetafel und starrte so lange darauf, bis ich mich einigermaßen von dem Schock erholt hatte.

Noch während ich am Schalter wartete, sah ich, dass Samuel mir eine WhatsApp-Nachricht geschickt hatte. Ich spürte erneut, wie mein Herz schneller schlug, konnte aber nicht einordnen, ob es sich gut oder nicht gut anfühlte. Mit aller Macht versuchte ich, mich nicht verrückt zu machen, und schlenderte noch eine Weile durch die Buchläden und Boutiquen, bevor ich zu dem Wartebereich ging. Erst als ich dort einen Sitzplatz in einer Ecke fand, wurde meine Neugier zu groß, als dass ich die Nachricht länger hätte ignorieren können. Mit zitternden Händen holte ich mein Handy hervor und las:

Nochmals vielen Dank für die schöne Zeit! Ich hoffe, sie war für dich nicht unangenehm. Hab einen entspannten Flug!

Aus der sicheren Entfernung fiel es mir plötzlich leichter, mich zu sammeln und eine klare und offene Antwort zu formulieren:

Ich danke DIR! Ich hab die Zeit mit dir wirklich sehr genossen. Und falls du aber den Eindruck hast, das stimmt nicht, liegt es einzig und allein daran, dass ich Sorge habe, dich zu verletzen durch meine Zurückweisung …

Keine Sekunde später kam ein »Autsch« mit einem Zwinkersmiley zurück, sodass ich schmunzeln musste. Ich mochte seinen Humor und musste wieder an meinen Brief denken. Ungeduldig kramte ich ihn aus meinem Handgepäck. Zeile für Zeile las ich und bekam eine Gänsehaut.

Niemand kann mich so zum Lächeln und Lachen bringen wie du. Was ich an dir am meisten mag, sind dein Selbstbewusstsein, dein Vertrauen, deine direkte Art zu kommunizieren und dein starkes, liebevolles Herz.

All das schien er zu besitzen … War ich nur nicht in der Lage, den Gedanken zuzulassen, dass er womöglich der Richtige war? Zum Glück musste ich am Gate nicht länger warten. Entgegen meiner Gewohnheit stellte ich mich brav in die Schlange zum Boarding und schickte noch schnell einen Lach-Smiley zurück. Als ich mein Gepäck verstaut und mich an meinen Fensterplatz gesetzt hatte, blickte ich direkt auf den Tafelberg und war tief berührt. Dort, am Fuße des Berges, hatte alles begonnen. Der Brief hatte mein Schicksal in einer Weise entfaltet, in der Serendipity die Regie übernommen zu haben schien. So fühlte es sich jedenfalls an. Als wir abhoben, betrachtete ich Kapstadt von oben. Und je mehr ich mich von Samuel entfernte, desto näher fühlte ich mich ihm …

REFLEXION

Samuel hatte mir schneller den Kopf verdreht, als ich damals wahrhaben wollte. Und spätestens, als er mir den Amarula geschenkt hatte, war mir im Grunde klar, dass er sich mehr erhoffte. Doch auch diese an sich freundlich konnotierte Aufmerksamkeit erschien mir im Nachhinein mehr als bloß eine von vielen verschiedenen Zuwendungen.

Zu Beginn einer jeden Beziehung ist es natürlich nicht ungewöhnlich, dass man sich gegenseitig mit Komplimenten überhäuft, einander viele bewundernde Dinge sagt und sich Geschenke macht. In einer toxischen Beziehung allerdings wird diese Phase auch **Love Bombing** genannt und bedeutet, dass jemand versucht, eine andere Person durch übermäßige Zuneigung und Aufmerksamkeit zu manipulieren, um sie für sich zu gewinnen.

Das in manchen Fällen sogar unbewusste Ziel ist es, dadurch eine Abhängigkeit zu schaffen und Macht und Kontrolle über die andere Person zu erlangen.

Der Love Bomber vermittelt dem anderen Menschen das Gefühl, dass alle seine Wünsche und Träume erfüllt werden, indem er dessen Interessen teilt und viel Zeit investiert. Dieses Verhalten kann eine intensive Verliebtheit erzeugen, die das Gegenüber überwältigt und in eine emotionale Abhängigkeit führt und dazu anhält, die eigenen Bedürfnisse zu befriedigen.

Natürlich ist es nicht verwerflich, eine Frau auf diese Weise erobern zu wollen, wenn man ernsthaftes Interesse an ihr hat. Und das hatte Samuel zweifelsohne. Und es ist auch sehr wichtig, zu verstehen, dass Menschen wie er nicht per se »böse« sind. Vielmehr ist es ohnehin so, dass wir alle narzisstische Anteile haben. Die Frage ist nur, wie groß diese sind und ab welchem Punkt sie anderen schaden.

In dieser Kennlernphase jedenfalls konnte ich nichts davon wahrnehmen. Es gab allerdings, abgesehen von den Sticheleien, eine Begebenheit, die ich nicht unerwähnt lassen möchte, um zu zeigen, wie sich manipulative Tendenzen auch in kleinen, scheinbar nebensächlichen Situationen bemerkbar machen können.

Als wir uns während des Road-Trips im Restaurant gegenübersaßen, hatte er mich bei unserer Unterhaltung ununterbrochen angestarrt. Ich starrte einfach zurück und versuchte, mir nicht anmerken zu lassen, wie unangenehm es mir war. Das schien ihn zu beeindrucken.

Ich bin grundsätzlich ein Mensch, der gut Augenkontakt halten kann. Das wurde mir schon in der Schule häufig von den Lehrern gesagt. Aber die Art, wie er mich ansah, war irgendwie anders. Es war nicht dieser tiefe interessierte Blick, der versucht, wahrhaftig zu sehen. Sondern eher ein Blick, der testet, wie viel Macht er ausüben kann und welche Wirkung er auf dich hat. Er wollte auch alles über mich wissen, aber vor allem, um Kontrolle zu erlangen. Das war mir damals natürlich nicht bewusst und ihm wahrscheinlich auch nicht. Ich fand es sogar auf eine Art reizend, dass er ebenfalls in der Lage war, Augenkontakt zu halten, und auch war er dabei ja stets freundlich und stellte durchaus interessierte Fragen.

Heute sehe ich die Situation etwas anders. Doch damals konnte ich mir keinen Reim darauf machen und empfand das intensive Starren als ambivalent. Es kribbelte im Bauch – eine Mischung aus Anspannung und etwas, das sich fast wie Aufregung anfühlte, aber zugleich auch unangenehm war. Es gab für mich jedoch keinerlei offensichtliche Anzeichen dafür, dass dieses Verhalten in irgendeiner Weise manipulativ sein könnte. Ich nahm es einfach als Teil seines Charakters wahr. Hinzu kam, dass wir über Gott und die Welt sprachen und ich mich von ihm verstanden fühlte. Wir schienen tatsächlich eine ähnliche Denkweise und zahlreiche Gemeinsamkeiten zu haben. Insbesondere nach der langen Autofahrt fühlte ich mich mit Samuel total verbunden, so, als würden wir uns schon ewig kennen.

4 NOVEMBER 2018 – LONELY IN LONDON

Erst als ich im Flugzeug meine Sachen verstaut und etwas gegessen und getrunken hatte, kam ich endlich zur Ruhe. Ich war erleichtert, dass ich in der Luft keine Verbindung mehr zu Samuel hatte. Es gab so unendlich viel in den vergangenen vier Wochen, was erst einmal verarbeitet werden wollte. Er hatte mir buchstäblich den Kopf verdreht. Während ich in den leuchtend blauen Himmel starrte, sah ich immer nur ihn vor meinem geistigen Auge: Samuel, wie er mich im Auto anschaute; Samuel, wie er Gitarre spielte, Samuel, wie er mich küssen wollte …

Ich versuchte zu meditieren, was mir seit Tagen nicht mehr richtig gelungen war, obwohl es eigentlich zu meiner festen Morgenroutine gehörte. Ich schob alle wirren Gedanken, so gut es ging, beiseite und merkte, wie mir immer wieder die Augenlider zufielen. Ich hatte noch nie Schlafprobleme gehabt und genoss es auch jetzt, immer mehr abzutauchen.

Ich schlief eine ganze Zeit lang tief und fest, bis ich urplötzlich spürte, wie eine Hand meinen Arm packte und ihn nicht mehr losließ. Die Frau, die zu dieser Hand gehörte, hatte panische Angst, eine Stimme hinter mir schrie: »Jesus, Jesus«, und im gesamten Kabinenraum des Flugzeugs herrschte eine Atmosphäre, die ich sonst nur aus Katastrophenfilmen kannte.

Eine Sekunde zuvor war es noch ruhig und friedlich in meiner eigenen Welt gewesen, doch mit einem Schlag war ich hellwach! Mein

Herz raste, und ich fühlt mich orientierungs- und schwerelos. Wir sackten einige Meter offenbar aufgrund von Turbulenzen ruckartig in die Tiefe. Bevor ich verstand, was los war, hatten wir die Luftlöcher auch schon überstanden, und langsam beruhigten sich alle wieder.

Das Aufwachen mit solch einem erhöhten Puls und einem so hohen Adrenalinkick versetzte mich schlagartig in eine Präsenz, in der nichts anderes auf der Welt mehr zählte. Ich holte tief Luft und sagte mir: »Okay, willkommen zurück. Ich lebe noch!«

Auch wenn ich nun nicht wieder einschlafen konnte, versuchte ich, mich durch meine Meditationstechnik und mentale Stärke wieder einzufangen. Es war das gleiche schreckliche Gefühl, das ich in den ersten paar Sekunden beim Bungeesprung gehabt hatte. Doch dann erinnerte ich mich daran, dass ich es geschafft hatte, innerhalb kürzester Zeit meine Panik in eine Art Gelassenheit und Stolz zu transformieren.

Mir wurde bewusst, dass Angst zwar ein intensives Gefühl ist, aber nicht lange anhält. Manchmal kann man ihr nicht ganz entkommen, aber man kann lernen, damit umzugehen oder es loszulassen. Ich habe das schon eine Million Mal gehört, aber der Bungeesprung hat mir gezeigt, wie es funktioniert. Es war nicht nur ein Sprung, um mich meiner Angst zu stellen oder meinen Mut zu beweisen, es war eine Lektion fürs Leben, auf die ich immer zurückblicken konnte und die ich in anderen Situationen würde nutzen können.

Mit diesem rundum gestärkten Grundgefühl war ich bereit, mich weiter dem Flow hinzugeben. Der November lud mich dazu ein, London mit einer neuen Offenheit zu begegnen. Ich hatte ja weder eine feste Unterkunft noch eine Idee, was genau ich in den Monaten bis zu meiner nächsten Winterflucht anstellen würde. Einzig eine Hochzeit und zwei Events in Deutschland standen Anfang des Jahres an, für die ich meiner Freundin Laura Malina Seiler zugesagt hatte, sie mit meiner Kamera zu begleiten.

Laura hatte ich bereits während meines ersten Aufenthalts in Kapstadt kennengelernt oder besser gesagt, kurz davor bei einem kleinen Speaker-Event in einem Berliner Café. Im Anschluss hatten wir noch eine Weile zusammengesessen und über Südafrika geplaudert. Es hatte sich herausgestellt, dass wir ähnliche Pläne hatten, weshalb wir damals beschlossen hatten, zusammen auf Wohnungssuche zu gehen und in Kapstadt als WG eine gute Zeit zu haben, was sich auch bewahrheitete. Laura schrieb damals gerade ihren ersten *Spiegel*-Bestseller und gehörte als Life-Coach schnell zu den Stars der Branche rund um Spiritualität und Persönlichkeitsentwicklung, während ich mir mit meinem damaligen Partner einen Namen in der Hochzeitsbranche gemacht hatte. Es war mir immer eine Freude und auch eine Ehre, sie auf ihrem beispiellosen Erfolgsweg zu begleiten, und auch ein Herzensanliegen, zu meinem Wort zu stehen und bei ihrem Buch-Release von *Schön, dass es dich gibt* in Hamburg dabei zu sein.

Eine ganz leise Stimme in mir flüsterte mir allerdings immer wieder zu, dass es doch eine Überlegung wert wäre, bis dahin nicht notwendigerweise wochenlang die feuchteste und dunkelste Zeit des Jahres in London verbringen zu müssen …

Diese Stimme wurde lauter, als ich pünktlich um 09:00 Uhr auf dem Londoner Flughafen Heathrow landete und der Kapitän durchsagte, uns würden sieben Grad Celsius bei Nieselregen und auffrischenden Böen erwarten. Wäre mir nicht schon seit einer gewissen Zeit ziemlich warm ums Herz gewesen, hätten mich die Aussichten auf all die trüben Tage sicherlich deprimiert. Aber mit all meinen frischen Erfahrungen im Gepäck fühlte sich alles irgendwie leichter an, und ich musste mir dann doch wieder eingestehen, dass mein Herz einen Freudensprung machte, als ich mein Handy aus dem Flugmodus entließ und gleich die erste Nachricht von Samuel mit einem Sonnenaufgang von Kapstadt auf dem Display aufploppte:

Gut, dass du das jetzt siehst. Du bist also heil gelandet. 😃
Ich schicke dir ein paar Cape Town Vibes, damit du ja nicht vergisst, wie schön der Sommer ist … 😉

Gute zwei Stunden später tauchte ich ein in die – im doppelten Sinne – kühle Seite Londons. Das WG-Zimmer welches ich für die ersten Wochen bezog, war in Dalston, ein Viertel im Osten der Stadt, welches vor allem in der Künstlerszene so angesagt war, dass ich fürchtete, womöglich bald pleite zu sein. Allein schon unser hippes Frühstück in einer schicken Bar kostete ein kleines Vermögen und war zwar auch jeden Cent wert, aber wenn ich an die Mieten dachte, bekam ich leichte Beklemmungen. Der Wohnungsmarkt war schon damals so eng, dass man Brauchbares immer nur unter der Hand fand und dann auch noch zu einem reichlich überteuerten Preis. Diese Sorge hatte mich seit Beginn meiner Auswanderambitionen begleitet. Im Kontrast zu den frischen Eindrücken und dem viel unbeschwerteren Lebensgefühl in Südafrika allerdings erschien mir die Option, die nächsten Wochen ständig auf der Suche nach einem faulen Kompromiss zu sein, nicht besonders verlockend. Während ich mühsam versuchte, irgendwo in London für mehr als 1 000 Euro im Monat ein winziges WG-Zimmer zu finden – was ohnehin schon ein enormes Downgrade zu meinem vorigen WG-Zimmer in einer umgebauten Kirche war –, dachte ich an meine letzten Aufenthalte in Kapstadt. Dort konnte ich locker für den halben Preis in ein wunderschönes Gemeinschaftshaus mit Pool ziehen oder eine komplette Wohnung für mich allein anmieten.

Natürlich berichtete ich auch Samuel von dem Dilemma, als er nachfragte, wie sich das nasskalte Londoner Leben so anließe. Und so waren wir bereits von Tag eins an wieder konstant – meist per WhatsApp und Skype – miteinander verbunden. Er holte mich mehr und mehr in seine Welt und schickte mir Bilder seines ansprechenden Hauses nord-östlich von Kapstadt, das er bald beziehen würde, wohingegen ich Screenshots der unansehnlichen Zimmer zeigte, die im Netz zum Preis eines ganzen Schlosses angeboten wurden. Es war zum Verzweifeln – eigentlich. Denn irgendwie schaffte Samuel es immer wieder, mir ein Lächeln ins Gesicht zu zaubern, und sei es nur, weil er mich trotz unserer 10 000 Kilometer Distanz als seine Shoppingbegleitung auserwählte:

Ich bin an der Waterfront und suche nach Hemden, und bisher ist mir nur eines aufgefallen, aber es ist zwei- bis dreimal so teuer wie alle anderen. 😫

Aber wenn es gut aussieht, ist es das wert! 😊

Nur einen kurzen Moment später bekam ich ein Foto von einem superschicken beigen Leinenhemd, das mich so begeisterte, dass ich sofort einen »Daumen hoch« zurückschickte.

Ich hasse es, einen so teuren Geschmack zu haben! 😂

Tausch' doch einfach das Wort »hassen« gegen »anerkennen« aus ;)
Ist gut für die Wirtschaft … und bestimmt eine lohnende Investition! 😜

Empfehlung als Frau oder Fotografin?

Beides … 😉

Bist du bei der nächsten Shoppingtour dabei?

Kommt mit auf die Liste!

… schrieb ich mit einem wohligen Gefühl im Bauch und spielte darauf an, dass Samuel und ich noch während unserer Rückfahrt von der Bloukrans Bridge einige Dinge aufgezählt hatten, die wir gern einmal unternehmen wollen würden, eventuell sogar gemeinsam. Wie Schwimmen im Atlantik bei Nacht oder einen weiteren Roadtrip, vielleicht nach Namibia, wo eine deutsche Bekannte von mir lebte, die noch ein Fotoshoot offen hatte.

»Was grinst du so?«, holte Lisa mich zurück nach London an den Schreibtisch. Obwohl sie und ich uns erst vor wenigen Monaten kennengelernt hatten, verstanden wir uns so gut, dass wir uns hin und wieder zum gemeinsamen Arbeiten verabredeten, um verschiedene Coworking Spaces auszutesten.

Mit Lisa hatte ich mich von unserer ersten Begegnung an sofort verbunden gefühlt. Sie war Texterin, in meinem Alter und ebenfalls als Deutsche an die Themse gezogen, weil ihr Freund Brite war. Wir hatten uns über eine der Facebook-Gruppen wie *Germans in London* getroffen und viele Gemeinsamkeiten und Dinge entdeckt, über die wir uns stundenlang austauschen konnten. An manchen Tagen motivierten wir uns gegenseitig zu Höchstleistungen und brainstormten zu verschiedenen Business-Ideen. An anderen Tagen quatschten wir mehr, als zu arbeiten, kamen aber immer wieder auf tolle Eingebungen oder Erkenntnisse.

»Glaubst du, es ist richtig, seinem Partner ein Umstyling zu verpassen?«, sprach ich laut meine Gedanken aus und war ebenso verblüfft über diese Formulierung wie Lisa.

Nun konnte ich nicht mehr verheimlichen, dass es da jemanden gab, der mich davon abhielt, konzentriert Moodboards für meine nächsten Fotoshoots zu kreieren oder mein E-Mail-Postfach abzuarbeiten.

»Ich will die ganze Story – von Anfang bis Ende!«, befahl Lisa lachend und klappte ihren Laptop zu. Ich erwiderte, dass es bloß um eine Zufallsbekanntschaft ginge, und musste daran denken, dass ich mit Lisa auch schon ein Serendipity-Erlebnis gehabt hatte.

Ich hatte ihr irgendwann einmal eben von jenem Musiker Muzi erzählt. Gerade als sie gesagt hatte, sie werde sich seine Musik mal anhören, horchten wir plötzlich auf, denn genau in diesem Moment lief einer seiner Songs im Radio.

Ich schilderte Lisa also haarklein, wie ich Samuel begegnet war und dass er derjenige war, der mich zu diesem Sprung begleitet hatte, von dem sie auch über Insta erfahren hatte. Und da passierte auch schon das nächste kleine Wunder! Ich horchte erneut auf, weil sich am Nachbartisch zwei junge Männer auf Deutsch unterhielten – und zwar über ihre jeweilige Hochzeit und darüber, wie sie so spontan an einen Fotografen kommen könnten. Ich sah Lisa verdutzt an und vergewisserte mich, dass sie das Gleiche aufgeschnappt und ich mich also nicht verhört hatte. Und so sprach ich die beiden an.

Wie sich herausstellte, war ausgerechnet demjenigen von beiden, dessen Hochzeit kurz bevorstand, der Fotograf abhandengekommen, weswegen ich natürlich gleich meine Dienste anbot. Ich hatte dabei Samuels Stimme im Ohr, der während unseres Trips beiläufig erwähnt hatte, ich würde mich anderen Leuten gegenüber offenbar permanent verkaufen. Ich war zunächst nicht sicher gewesen, ob das eine Spitze war. Doch er hatte ergänzt, er würde das selbst gerne sehr viel besser können, zumal er vorhätte, sich zukünftig als freier Journalist durchzuschlagen und sogar auch als Autor von Kinderbüchern, wo es ebenfalls nicht schaden konnte, zu netzwerken und Eigenmarketing zu betreiben.

Die winterliche Hochzeit sollte im engeren, aber sehr stilvollen Rahmen bereits in zwei Wochen in der Nähe von Leipzig stattfinden. Ich sagte kurzerhand zu und war – genau wie Lisa – ziemlich perplex und begeistert. Gerade hatten wir noch über unglaubliche Fügungen gesprochen, und schon hatte ich einen neuen Kundenkontakt generiert, der nicht besser hätte passen können. Ich war sogar erleichtert, nun noch einen Grund mehr zu haben, um meine ursprünglichen Pläne über Bord zu werfen und lieber heute als morgen nach Berlin zu reisen. Die aussichtslose Wohnungssuche hatte mir mehr Energie geraubt, als ich mir anfangs hatte eingestehen wollen. Ich tauschte also Kontaktdaten mit dem Bräutigam aus, und er zeigte mir ein Foto seiner Verlobten. Die beiden waren mir schon auf den ersten Blick sehr sympathisch und sie offenbar so angetan von meiner Webseite, dass wir uns schnell einig wurden. Noch während ich mit Lisa zusammensaß, suchte ich mir für die Woche darauf einen Flug nach Berlin heraus. Sie schüttelte permanent den Kopf, aber freute sich, mich so happy zu erleben, wie sie sagte. Und sie hatte recht!

Schon eine längere Zeit lang war ich nicht mehr so glücklich gewesen. Ich war im Chaos versunken und trotzdem – oder gerade deswegen – war es so wundervoll, einfach all die magischen Momente zu leben und wie ein Schmetterling von einer Blüte zur anderen zu flattern, ohne mich dafür anstrengen zu müssen.

Samuel fand dafür den Ausdruck *Wu wei*, als ich später am Nachmittag aufgeregt von den neusten Ereignissen berichtete. Auch wenn ich mir einbildete, mein Englisch wäre gut genug, um mich unbefangen austauschen oder zumindest alles aus dem Kontext erschließen zu können, gab es hin und wieder doch sprachliche Missverständnisse, so auch bei diesem Begriff. Denn ich dachte zunächst, es wäre ein Ausdruck aus einem Comic. So etwas wie *Kaboom* oder *Pow pow*. Samuel klärte mich darüber auf, dass dieser Begriff aus dem Taoismus komme und eine chinesische Bezeichnung für »nicht tun« sei, allerdings weniger im Sinne einer Unproduktivität oder Faulheit, sondern als eine Art mühelose Handlung ohne den Versuch, Gewalt anzuwenden oder Druck auszuüben. Es gehe um eine natürliche Weiterentwicklung und Bewegung, indem man dem universellen Fluss des Lebens folge.

Wie bei uns ... schrieb Samuel, was mich mitten ins Herz traf. Ich konnte es kaum glauben! Er formulierte genau das, was mich seit Wochen zuerst im Kopf und dann auch im Herzen so sehr bewegte. Das Schicksal hatte uns auf eine besondere Weise zusammengeführt. So, als hätte das Leben etwas mit uns im Sinn.

Stimmt. Wir haben nicht krampfhaft versucht, einander zu finden, aber wurden irgendwie zur gleichen Zeit an denselben Ort geführt.

... schrieb ich zurück und merkte, wie mein Herz immer heftiger schlug.

Aber erst nachdem du gesprungen und mir in die Arme gelaufen bist, war mir klar, dass ich dich so richtig mag.

Ach, wirklich?

Es war das eine, all das längst geahnt zu haben, aber das andere, wenn ich es so deutlich las.

Attraktiv fand ich dich natürlich sofort. 😉
Aber du warst ein bisschen wie eine Eisprinzessin. 😄

Es stimmte. Von Beginn an hatte ich alles versucht, um Samuel auf Abstand zu halten. Doch der Sprung hatte etwas verändert. Und dieses Geständnis auch. Ich fand, es war jetzt an der Zeit, auch endlich einmal die Wahrheit zu formulieren:

Sorry! Ich hatte eigentlich nicht vor, dich auf andere Weise als auf Freundschaftsbasis kennenzulernen, aber auf unserem Roadtrip wurde mir klar, wie viel wir gemeinsam haben und dass ich einfach ich selbst sein kann, ohne mich unwohl zu fühlen.

Ging mir genauso … 😊 *Ich bin froh, dass ich es weiter versucht habe, was ich normalerweise nie mache. Aber für dich hat es sich gelohnt …*

Danke! Ich bin auch froh und frage mich tatsächlich, warum du so hartnäckig warst, wo ich doch so abweisend war. 🙈

Das kann ich dir sagen!

Noch bevor ich etwas erwidern konnte, sah ich, dass Samuel offenbar bereits weiter tippte. Ungeduldig wartete ich also ab und konnte ein Grinsen nicht unterdrücken, als ich all seine warmen Worte aufsog:

Du bist ein sehr offener, selbstbewusster und positiver Mensch, der immer das Gute in dem anderen sieht und immer die richtige Balance findet, damit sich die Menschen um dich herum wohl- und glücklich fühlen.

Oh wow, danke! Und du bist stark, verantwortungsbewusst, weißt immer, was um dich herum passiert, und lebst das richtige Maß an männlicher Energie (Das hört sich komisch an, aber ich finde im Moment keine anderen Worte dafür).

Nein, gar nicht, danke! 😊

Wie auch immer ... als Frau fühle ich mich in deiner Nähe sehr wohl und sicher. Auch wenn du eher ein rationaler Mensch bist, hast du ein starkes, liebevolles und gütiges Herz. Du gehst sehr offen mit deinen Gedanken und Gefühlen um (zumindest habe ich dich so kennengelernt).

Und trotzdem hast du mich abblitzen lassen ... 😜

Ich hab' einfach nur versucht, mein Herz nicht zu öffnen, was mir sonst manchmal leider etwas zu schnell gelingt. 🙈

Und dann klingelte auch schon mein Handy. Samuel sagte ohne irgendeine Begrüßungsfloskel, das wolle er gerne genauer wissen. Ich lachte, wie so oft, wenn wir plauderten, und machte es mir auf meinem Gästebett bequem. Ich wusste, dieses Telefonat würde länger dauern. Wir redeten und redeten, das erste Mal so, als wäre eine unsichtbare Schutzmauer plötzlich zwischen uns eingerissen.

In gefühlt jedem zweiten Satz erwähnte er, wieviel schöner es doch sei, wenn ich den ganzen Sommer in Südafrika verbringen würde oder, noch besser, Europa gleich ganz den Rücken kehren würde. Ich erinnerte ihn scherzhaft daran, dass wir doch eigentlich nach Australien auswandern wollten. Und er scherzte zurück, dass erst eines nach dem anderen käme – der Trip nach Johannesburg, das Ed-Sheeran-Konzert …

Mir schlug das Herz bis zum Hals. Konnte das alles wirklich wahr sein? Dass zwei junge Menschen auf der Suche nach der Liebe waren, die zuvor ihre Wünsche ans Universum formuliert hatten, und sich dadurch wie von Zauberhand alles von ganz allein ohne unser Zutun zu fügen schien? Mit so viel Leichtigkeit und Lebensfreude? Mit gleichen Werten und Visionen?

Ich mochte unter anderem so sehr, wie unkompliziert und gleichzeitig verbindlich Samuel die Dinge anging. Er schlug vor, entlang der Ostküste und dann landeinwärts nach Jozi zu fahren. Jozi oder Joburg nennen die Südafrikaner Johannesburg, die größte Stadt Südafrikas und Hauptstadt von Gauteng, einer der neun Provinzen.

»Und vorher besuchst du mich in meinem Haus und lernst endlich auch meinen Hund kennen«, erklärte er mit großer Begeisterung. Wir hatten beide längst eine kribbelige Vorahnung, dass mein nächster Aufenthalt dort unten nicht mehr allzu lange auf sich warten lassen würde. Jedenfalls nicht so lange, wie ich ursprünglich geplant hatte.

»Wenn du Fluffy live siehst, wirst du ihn noch mehr lieben!«, behauptete Samuel.

»Ach, so schnell verliebe ich mich normalerweise gar nicht«, sagte ich lachend, und wir beide wussten in diesem Moment, was ich augenzwinkernd anzudeuten versuchte.

Einmal mehr schickte Samuel mir ein Foto dieses wirklich hinreißenden Border Collies mit seinem wuscheligen hellbraun-weißen Fell. Obwohl ich von jeher eher ein Katzenmensch bin, liebe ich Hunde fast genauso. Ich musste vor mir selbst zugeben, dass es eine verlockende Vorstellung war, mich mehr und mehr auf einen Mann einzulassen, der gerade dabei war, sich eine Basis für seine künftige Familie aufzubauen. Und das, obwohl bei mir das Thema Familienplanung in der Vergangenheit bisher nie im Vordergrund gestanden hatte.

Und so mischte sich trotz all der heiteren Sprüche Verbindendes und Verbindliches in unser Gespräch, dem viele weitere in den kommenden Wochen folgen sollten – über unsere Freunde, unsere Familien, unsere Vergangenheit und Zukunft mit unseren Sehnsüchten und Träumen und auch Bräuchen zu Weihnachten und dem Jahreswechsel …

Erst am Abend dieses denkwürdigen Tages wurde mir klar, dass zwischen uns aktuell ein Zeitunterschied von zwei Stunden bestand, als er mir um 20:00 Uhr meiner Zeit sagte, dass er bald schlafen gehen müsse, wohingegen ich noch nicht einmal daran denken konnte.

Zudem hatten wir ganz unterschiedliche Zeitrhythmen. Während Samuel gegen 06:00 Uhr morgens aufstehen musste, um rechtzeitig in der Redaktionskonferenz zu sitzen, brauchte ich im europäischen Winter in der Regel keinen Wecker zu stellen. Deshalb endete mein Tag meist erst gegen Mitternacht und dieser noch sehr viel später, weil ich voller Glückshormone nicht aufhören konnte, an Samuel zu denken und daran, wie es wäre, wenn ich ihn ganz bald wiedersehen würde.

* * * *

Es war fast zu schön, um wahr zu sein. Während ich mich innerlich darauf einstellte, London zu verlassen und alles Notwendige zu organisieren, lernten wir uns durch das fortwährende Kommunizieren jeden Tag immer noch besser kennen und wurden richtig vertraut miteinander. Es war spannend, einen Menschen erst mal aus der Ferne zu betrachten und zu sehen, ob wir die gleichen Vorstellungen von Beziehung, Kommunikation und der Zukunft hatten. Und das, obwohl wir in anderen Dingen sehr unterschiedlich waren.

Doch das hatte keine Bedeutung mehr. Viel wichtiger war die Tatsache, dass uns das Schicksal zusammengeführt hatte. Und das offenbar nicht ohne Grund. Ein Thema, über das wir uns stundenlang austauschen konnten, waren Persönlichkeitstypen. Wir liebten alles, was mit Psychologie und persönlicher Weiterentwicklung zu tun hatte, sodass unsere Gespräche immer tiefgründiger wurden. Wir hatten beide früher mal unabhängig voneinander den sogenannten Myers-Briggs-Test gemacht, einen Persönlichkeitstest, der Menschen in ihren Denk- und Verhaltensweisen sowie Stärken und Schwächen in 16 Typen kategorisiert. Samuel wollte sofort wissen, welcher Typ mir zugeordnet worden war, denn er hatte vor Kurzem einen Artikel darüber geschrieben, dass bestimmte Persönlichkeiten besser in Teams zusammen harmonieren würden als andere. Daraufhin zeigte ich ihm eine Webseite, auf der man sogar nachschauen konnte, wie unsere beiden Profile in einer Partnerschaft zusammenpassen würden und welche Konflikte entstehen könnten. Ich verriet ihm schließlich auch, dass ich in diesem Modell die sogenannte *Aktivistin* sei.

Er lachte kurz und meinte: »Interessant, ich bin *Protagonist*. Wusstest du, dass Barack Obama und Oprah Winfrey denselben Typ haben?« Das weckte sofort mein Interesse, und wir studierten intensiv die jeweiligen Profile, um noch mehr über den anderen zu erfahren. Auf der Internetseite, auf der die Beziehung zwischen Aktivisten und Protagonisten beschrieben wurde, lasen wir gemeinsam, dass Konflikte selten seien, weil beide empathisch aufeinander eingehen und stets versuchen würden, Harmonie zu bewahren. All diese Aussichten beflügelten mich und zeigten mir, dass es richtig war, meine geplante Auswanderung nach England endgültig aufzugeben. Denn ich war mir sehr sicher, dass etwas noch Besseres auf mich warten würde …

REFLEXION

Ob man nun an die Genauigkeit von Persönlichkeitsprofilen glaubt oder nicht, sie bieten eine interessante Grundlage, um sich selbst und andere besser zu verstehen. Zumindest, wenn diese anderen auch die Wahrheit sagen. Samuel und ich hatten uns zunächst ja nur »theoretisch« kennengelernt. Ich hatte begonnen, mich in eine Vorstellung von einem Menschen zu verlieben, den ich bisher nur durch Worte erlebt hatte, nicht aber durch seine Taten.

Die räumliche Distanz gab Samuel die Möglichkeit, sich selbst neu zu erfinden. Es stellte sich heraus, dass er sich als Kenner der Persönlichkeitsprofile wohl das für ihn bestmögliche Profil heraussuchte und sein eigentliches Profil, das des *Kommandeurs* für sich behielt. Vielleicht versuchte er sogar, die Fragen mit Absicht so zu beantworten, wie er gerne wäre, und nicht so, wie er zu dem Zeitpunkt war. Möglicherweise war er nach mehreren Versuchen auf dieses neue Ergebnis gekommen und glaubte es vielleicht auch selbst. Er wollte lieber als einfühlsamer Leader wahrgenommen werden, statt als »Anführer«, der gern andere gegen die Wand fährt.

Kommandeure gelten als äußerst rational bis hin zur Rücksichtslosigkeit, mit der sie ihr Ziel zu erreichen versuchen, das sie sich selbst gesetzt haben. Protagonisten dagegen haben dank ihrer Sensibilität und ihres Einfühlungsvermögens einen positiven Einfluss auf andere Menschen und die Welt um sie herum.

Wäre Samuel hier von Anfang an sich selbst und mir gegenüber ehrlicher gewesen und hätten wir uns die korrekten Profile angeschaut, hätten wir Folgendes schon anderthalb Jahre früher wissen können: Der Aktivist fühlt sich zwar von der Denkweise des Kommandeurs angezogen, doch ihre Gespräche enden oft frustrierend, weil sie sich nicht auf einen gemeinsamen Nenner einigen können. Der Aktivist legt Wert auf Moral und Ethik, wohingegen der Kommandeur nach Logik und Effizienz strebt.

Nun ist ein Kommandeur per se kein »Narzisst«. Und natürlich hat jeder der 16 in diesem Modell dargelegten Persönlichkeitstypen gleichermaßen Stärken und Schwächen.

Ein Merkmal narzisstisch geprägter Persönlichkeiten aber ist sehr deutlich ein falsches Selbstbild: Sie versuchen, ihr geringes und brüchiges Selbstwertgefühl durch eine Konstruktion eigener Großartigkeit zu kompensieren. Es besteht also ein starker Widerspruch zwischen den tiefen Selbstzweifeln, die Menschen mit narzisstisch geprägten Verhaltensweisen empfinden, und der Selbstdarstellung, die sie nach außen inszenieren.

Das eigentliche Problem für mich lag daher darin, dass wir nicht nur aneinander vorbeiredeten, sondern ich Samuel nicht so kennenlernen konnte, wie er wirklich war, sondern nur, wie er gern sein wollte. Diese Gegensätze führten im späteren Verlauf unserer Beziehung zu einer großen Diskrepanz, denn seine Handlungen passten nicht zu dem Bild, das er mir zu Beginn suggeriert hatte.

5 DEZEMBER 2018 – BACK TOGETHER AGAIN

Nachdem ich zumindest das Chaos im Außen in geordnete Bahnen gelenkt hatte, fiel mir ein Riesenstein vom Herzen. Weil gleich fünf meiner engsten Freunde ohnehin vorgehabt hatten, mich in London zu besuchen, lud ich sie ein, mit mir mein letztes Wochenende dort in einem Hostel zu verbringen. Einmal mehr war ich unendlich dankbar, so viele liebe Menschen in meinem Leben zu wissen, auf die ich mich absolut verlassen konnte. Mit meinen jüngsten Erlebnissen hatten wir nicht nur jede Menge Spaß und Gesprächsstoff, sondern schafften es mit vereinten Kräften auch mühelos, mein Hab und Gut in mehrere Gepäckstücke aufzuteilen und entspannt nach Berlin zu bringen. Meine Wohnung war zwar nicht frei, weil ich meinem Mitbewohner erlaubt hatte, ein befreundetes Paar besuchsweise unterzubringen. Aber es war kein Problem, bei meinem Papa zu wohnen.

Das war auch keine größere Sache für uns, sondern im Gegenteil eine kleine schöne Zeitreise zurück in die Vergangenheit nach meinem Abitur. Denn damals waren wir zusammen in die Hauptstadt gezogen und hatten mehrere Jahre als Vater-Tochter-WG eine Dreizimmerwohnung am Hackeschen Markt angemietet. Was für andere in meinem Alter unvorstellbar gewesen wäre, erwies sich für mich während meines Grafikdesign-Studiums als Segen. Ich verstand mich noch immer bestens mit meinem Vater, und weil er weiterhin viel unterwegs war, bekamen wir gar keine

Chance, uns auf die Nerven zu gehen. Vielmehr versuchte mein Dad, mich dazu zu bewegen, wenigstens die Weihnachtsfeiertage noch in Deutschland zu verbringen. Doch die Sehnsucht nach Südafrika wuchs proportional zu der Anzahl der Worte, die ich mit Samuel beim Telefonat oder Chat wechselte. Wir waren wie durch eine unsichtbare Nabelschnur permanent miteinander verbunden, sodass es eine riesige Herausforderung darstellte, meinen neuesten Plan vor ihm geheim zu halten: Ich wollte Samuel mit meiner früheren Rückkehr überraschen!

Natürlich ließ es sich nicht verheimlichen, dass ich nicht mehr bis zum nächsten Jahr warten wollte. Doch dass ich schon lange vor den Feiertagen, nämlich am 1. Dezember, nach Kapstadt zurückfliegen würde, wusste Samuel nicht. Zum Glück hatte ich die Nummer seines Freundes Jason noch, der bei unserer ersten Begegnung ja dabei gewesen war. Ich weihte ihn in meinen Plan ein und bat ihn, mein Komplize zu sein. Alles lief wie am Schnürchen, wäre ich nicht so ein Nervenbündel und noch aufgeregter gewesen als vor dem Bungeesprung.

Mein Vater brachte mich zum Flughafen und sagte scherzhaft, er sei froh, mich endlich wieder los zu sein. Ständig war ich singend und tanzend um ihn herumgehüpft und hatte geplappert über all das, was ich erlebt hatte, und auch das, was vor mir lag. Vor *uns* lag! Ich konnte meine Freude kaum bändigen, aber die Aufregung, ob auch alles glattgehen würde, war viel, viel größer.

Ich hoffte, im Flugzeug einen netten und kommunikativen Sitznachbarn zu haben, denn sonst würde es schwer werden, so viele Stunden still und ruhig zu sitzen. Ich nutzte die Wartezeit vor dem Boarding, um mich mit entspannender Musik und einer Meditation zu beruhigen, und atmete ein paarmal tief ein. Doch irgendwie brachte das die Schmetterlinge in meinem Bauch nur noch mehr dazu, wild durcheinander zu flattern. Und was mir gar nicht behagte, waren die vielen kleinen Details, die ich auslassen musste, damit Samuel auch ja keinen Verdacht schöpfte. Immer wieder wunderte er sich, warum ich ausweichend oder auch mal gar nicht antwortete, obwohl wir sonst im ständigen Austausch gestanden hatten.

Alles ok? 👀

Wegen all der hektischen Vorbereitungen hatte ich fast einen ganzen Tag lang nichts von mir hören lassen. Ich suchte nach einer Ausrede, warum ich so kurz angebunden war, und erinnerte mich, dass ich mit ihm darüber gesprochen hatte, mit meinem Papa auf einen Weihnachtsmarkt gehen zu wollen. Etwas, das wir vor meiner Abreise jedoch leider nicht mehr geschafft hatten.

Die Weihnachtsmärkte haben diese Woche endlich geöffnet. 🎄

Das ließ Raum für Interpretationen, und ich überlegte, wie ich die nächste Sendepause während des Fluges erklären könnte. Der ging zwar über Nacht, aber barg trotzdem das Risiko, dass Samuel etwas bemerken und sich wundern würde, warum ich längere Zeit nicht online war.

Schick mal ein Foto & viel Spaß!

Mach ich später, hab kaum noch Daten übrig … sry! 🙈

Zum Glück wusste Samuel von meiner geringen Menge an monatlichem Datenvolumen, sodass ich nichts weiter erklären musste. Ich bat meinen Papa schnell, mir ein Foto von irgendeinem Weihnachtsmarkt zu schicken, um es später an Samuel weiter zu senden, und hatte immerhin etwas Zeit gewonnen. Doch etwa eine Stunde später, kurz bevor ich an Bord gehen wollte, meldete Samuel sich erneut und rief an!

OMG, dachte ich. Wenn ich jetzt rangehen würde, könnte er im Hintergrund die Geräuschkulisse vom Flughafen hören, und ich wäre aufgeflogen. Also schrieb ich schnell und bemühte mich, wenigstens halbwegs bei der Wahrheit zu bleiben, was für mich normalerweise das Allerwichtigste im Umgang mit anderen und deswegen eine Riesenherausforderung war.

Noch unterwegs …

Wäre schön gewesen, wenigstens kurz deine Stimme zu hören … ich gehe jetzt schlafen, gute Nacht!

Ich fühlte mich total unwohl in dem ständigen Hin und Her zwischen Aufregung und schlechtem Gewissen und schickte schnell noch einen Gute-Nacht-Gruß hinterher.

Ich wünschte, ich hätte behaupten können, die Zeit wäre wie im Flug vergangen. Doch ich war viel zu unruhig gewesen, um meine Reise mit abermals unbekanntem Ausgang voll zu genießen. Einerseits war ich mir sehr sicher, dass Samuel sich unendlich freuen würde, mich so schnell und unverhofft wiederzusehen, und auch, dass die kommenden Wochen einfach nur schön werden würden. Andererseits schlich sich immer wieder auch etwas Angst in die Vorfreude, ob meine Überraschung wirklich gelingen und Jason auch dichthalten würde.

Zudem hatte ich ein paar Nächte zuvor wieder diesen sehr klaren Traum gehabt, in dem Samuel mir offenbarte, dass er einfach nicht das Gleiche für mich empfinden würde wie ich für ihn. Und so begann mein nächster Ausflug in den sommerlichen Süden mit sehr gemischten Gefühlen, die sich auch nicht beruhigten, als Samuel mir bei meiner Ankunft einen schönen, guten Morgen wünschte und fragte, was ich so vorhätte.

Ich fühlte mich ertappt! Bestimmt machte er sich längst mit seinem Kumpel über mich lustig, kam es mir übermüdet in den Sinn.

Ich antwortete nebulös, mich um meine Wohnung kümmern zu wollen, was ja stimmte. Nur dass mein WG-Zimmer, das ich von Deutschland aus angemietet hatte, nicht in Berlin lag, sondern in Kapstadt und nur etwa 15 Minuten mit dem Uber von »unserer Verabredung« zum Lunch entfernt.

Nachdem ich mein Appartement bezogen hatte, verstaute ich meine Sachen und machte mich frisch. Es war herrlich, wieder in das wohlig warme Klima einzutauchen und ein leichtes Sommerkleid anzuziehen. Doch je näher das Date mit ungewissem Ausgang rückte, desto weniger war ich in der Lage, mich zu beruhigen.

Als ich mit einer Viertelstunde Zeitpuffer mit weichen Knien in dem von Jason vorgeschlagenen Restaurant *The Bungalow* ankam, war der Außenbereich leider komplett leer. Es wäre eigentlich der perfekte Ort für so eine besondere Begegnung mit Blick auf das glitzernde Wasser gewesen. Aber Samuel würde mich sofort entdecken, wenn ich mich einfach an einen der Tische setzte. Also ging ich weiter in den Innenbereich des Lokals und suchte mit wild klopfendem Herzen einen Platz, von dem aus ich freie Sicht auf die Terrasse hatte und wo ich mich gleichzeitig im Hintergrund halten konnte. Die Hitze stieg mir zu Kopf, und meine Hände begannen zu zittern. Und als wäre das nicht schon extrem genug, erhielt ich genau in diesem Moment eine weitere Nachricht von Samuel. Ich ignorierte sie, weil ich den Eingangsbereich keine Sekunde aus den Augen lassen wollte. Mein Atem stockte. Denn tatsächlich sah ich Samuel nur einen kurzen Moment später, wie er aus dem Auto stieg, sein Handy wegsteckte und sich umsah. Ich erstarrte und hielt so lange die Luft an in meinem Versteck, bis er sich an einen der Tische am Übergang zur Terrasse setzte.

Mein Herz überschlug sich, wobei ich nicht sagen konnte, ob das die übergroße Freude war, Samuel so braun gebrannt zu sehen, oder einfach die Angst, dass er sich womöglich gar nicht freuen würde. Ich atmete noch einmal durch, fixierte ihn, wie er in die Speisekarte blickte, und ging langsam auf ihn zu. Weniger lässig, als ich mir vorgenommen hatte, fragte ich ohne irgendeine Begrüßung: »Entschuldigung, ist hier noch frei?«

Er sah zu mir auf – sein Gesicht erstarrte. Er blickte mir in die Augen, ohne irgendeine Reaktion! Auch bewegte er sich keinen Zentimeter und sagte nichts. Mir blieb fast das Herz stehen. Ich fragte mich, ob er mich überhaupt erkannt hatte. Mir fiel der Traum wieder ein. Ich stellte mich auf das Schlimmste ein – dass er schockiert war, mich zu sehen, und keinerlei ernsthaftes Interesse an mir hatte.

Beinahe wäre ich in Tränen ausgebrochen. Er verzog immer noch keine Miene und starrte mich einfach nur an – so, als wüsste er nicht, was vor sich ging. Also trat ich näher, schloss ihn in die Arme und sagte noch unbeholfener: »Überraschung, ich bin's!«

Dann – wie aus dem Nichts – brach er in Gelächter aus. Nun war ich noch irritierter. Aber sein Lachen war so voller Freude und so ansteckend, dass ich zaghaft mit einstimmen musste.

»Du bist also Jason?«, fragte er und grinste übers ganze Gesicht. Ich nickte zaghaft.

»Gute oder böse Überraschung?«, fragte ich.

Doch dann – endlich – schloss Samuel mich ganz fest in seine Arme und sagte die alles erlösenden Worte: »Die beste Überraschung aller Zeiten!«

Er ging wieder etwas auf Abstand, sah mich verliebt an und strich mir zärtlich die Haare aus dem Gesicht. Und schließlich begann er, mich sanft und dann leidenschaftlicher zu küssen, bis mein ganzer Körper vibrierte.

Wenig später waren wir auch schon in Samuels Wohnung angekommen. Weil er am nächsten Morgen früh aufstehen musste, hatten wir beschlossen, nichts Besonderes mehr zu unternehmen, außer eine Runde mit dem Hund zu gehen und es uns anschließend gemütlich zu machen. Die Fotos und all die herzerwärmenden

Anekdoten über Fluffy hatten nicht zu viel versprochen. Die niedliche Hundedame war zwar schon etwas in die Jahre gekommen, aber ein einziger Quell der Freude. Oder waren es doch noch die ungeduldige Aufregung und quirlige Neugier, die mich in einen einzigen Glücksrausch versetzten? Alles fühlte sich unglaublich neu und gleichzeitig vertraut an. Jedes Wort, jedes Grinsen, jede Berührung – Samuel und ich waren uns endlich auch physisch so nahe, wie wir es seit Wochen nur mental und emotional gewesen waren.

Auch wenn wir weiterhin angeregt redeten, auch haarklein darüber, wie intensiv wir meinen überfallartigen Plan empfunden hatten, ergab es sich auf ganz natürliche Weise, endlich auch den anziehenden Körper des anderen zu entdecken. Immer wieder nahm Samuel mein Gesicht in seine Hände, wie um zu checken, ob ich wirklich echt war. Und immer wieder umarmten und küssten wir uns, so als ob es nichts Wichtigeres auf der Welt gäbe, als endlich die Intimität zu spüren, die wir über all die vielen Gespräche auf Distanz zueinander aufgebaut hatten.

Auch wenn wir kaum die Finger voneinander lassen konnten, versuchte ich natürlich, all die Eindrücke aus Samuels Leben bewusst wahrzunehmen. Mir gefiel die Einrichtung seiner Wohnung nicht besonders, weil vom Stil alles wild durcheinander gewürfelt war. *Typisch Mann*, dachte ich amüsiert, weil die Möbel auch recht dunkel und nüchtern waren. Aber all das spielte keine Rolle, denn ich wusste ja, dass der Umzug in sein Haus zum Jahresende bevorstand. Überall standen halb gepackte Kartons, die die Magie zwischen uns nicht beeinträchtigten.

Wir genossen beide gleichermaßen, endlich all die Berührungen nachzuholen, nach denen wir uns so sehr gesehnt hatten. Auch wenn es sich seltsam anfühlte, sich zueinander zu bekennen, ohne dass es je auch nur einen wirklichen Kuss gegeben hatte, erschien es mir nun umso natürlicher, sich zu betrachten und anzufassen … und schließlich am Abend uns ganz unserem Verlangen hinzugeben und das erste Mal miteinander zu schlafen.

Später in der Nacht, als ich glückselig in Samuels Armen lag, musste ich an meine Mum denken und schmunzeln.

»Wie heißt er?«, hatte sie gefragt, als ich ihr berichtet hatte, meine Pläne ändern zu wollen und wieder früher nach Kapstadt zurückzufliegen. Ich war ihr zunächst ausgewichen, als wir telefoniert hatten, und hatte mich darüber beklagt, dass die Wohnlage in London mir einen Strich durch die Rechnung gemacht hätte. Doch meine Mum ließ sich niemals täuschen. Sie kannte mich einfach zu gut und hatte womöglich noch vor mir selbst gewusst, wie viel mir meine neue Liebe bedeutete.

REFLEXION

Wenn ich an den Tag meiner Überraschungsreise zurückdenke, fange ich fast wieder an zu schwitzen. Eine solche intensive Aufregung hatte ich bis dahin noch nie erlebt, nicht einmal vor dem Bungee-Jump. Man sagt ja, dass prägende Ereignisse zusammenschweißen. Nun gab es sogar zwei sehr bewegende Momente, die sicherlich dazu beigetragen haben, dass sich unsere Gefühle füreinander verstärkten. Es war fast unmöglich, sich nicht ineinander zu verlieben. Wir waren täglich von morgens bis abends in Kontakt, sodass kaum noch Platz für anderes war. Ich genoss es sehr, nach meiner langen Singlezeit wieder jemanden in meinem Leben zu wissen, mit dem ich all meine Gedanken und Erlebnisse teilen konnte.

Doch wenn ich heute darauf zurückblicke, trug diese Phase dazu bei, eine Abhängigkeit zu schaffen, die über ein gesundes Maß hinausging. Man könnte meinen, es war eine logische Folge, dass aus einer solch besonderen Kennlernphase eine sehr tiefe Verbindung entstehen würde, vorausgesetzt keiner von beiden litt an Bindungsangst.

Ich fand es sehr spannend und reizvoll, jemanden zunächst ausschließlich auf räumlichen Abstand kennenzulernen. Als es dann endlich so weit war, dass wir uns auch körperlich näherkamen, war es möglich, eine ganz neue Art von Intimität zu erleben, die einerseits noch total fremd, aber gleichzeitig bereits sehr vertraut war.

Ich war erleichtert, dass wir körperlich genauso gut harmonierten wie mental. Unsere Körper waren so synchron, als wären sie füreinander bestimmt. Zumindest war das meine Wahrnehmung. Aus irgendeinem Grund sagte Samuel jedoch: »Ich schätze, wir müssen ein bisschen üben.« Ich wusste nicht, was er damit meinte. Vermutlich hatte er in der Vergangenheit viel mehr Partnerinnen und war experimentierfreudiger unterwegs als ich, weshalb ich keine Ahnung hatte, welche Erwartungen er an mich hatte. Ich hoffte, er stand nicht auf seltsame Sexualpraktiken, und fühlte mich ein wenig eingeschüchtert. Nach kurzem Schweigen schaute ich ihn nur an und fragte: »Warum?«

»Wir müssen einfach unseren Rhythmus finden«, sagte er mit einem kurzen Lachen. Ich war etwas irritiert, aber versuchte, diese Bemerkung nicht allzu ernst zu nehmen, zumal es sich für mich großartig angefühlt hatte.

Ich weiß bis heute nicht, was es damit auf sich hatte, und frage mich, in welchem Szenario ein solcher Kommentar überhaupt sinnvoll gewesen wäre. Eines sollte ich jedoch später noch lernen: nämlich, dass Irritationen wie diese in ungesunden Beziehungen zum Alltag gehören. Kommentare, die ausreichen, um sich Gedanken zu machen, aber nicht Grund genug sind, sie tatsächlich auszudiskutieren. Eine Bemerkung wie diese macht niemanden zum »Narzissten«. Doch all die kleinen unscheinbaren Spitzen, die in Kombination mit gewissen Reaktionen noch folgten, ergeben im Nachhinein ein deutlich klareres Bild.

6 ACHT WOCHEN SIEBTER HIMMEL

Ein wundervoller Sommer lag vor uns. Wir liebten es, uns in unterschiedlichen Konstellationen am Strand zu verabreden, um den Hund auszuführen, im kühlen Wasser zu schwimmen oder einfach nur zu chillen. Samuel und ich trafen uns mit verschiedenen Freunden, darunter Ailine und auch Jason, der sich mit uns über die gelungene Überraschung freute. Auch Samuels Familie, allen voran sein Vater, wusste bereits von mir, und er lud uns ein, die Feiertage bei ihm und seiner Frau auf dem Gestüt in der Nähe von Paarl zu verbringen.

Auch musste der Umzug von Samuel organisiert und im Haus einiges renoviert werden. Wir waren fast die ganze Woche rund um die Uhr zusammen, zumal sich Samuel durch seinen Resturlaub und einen finanziellen Puffer genügend Zeit mit dem Start in sein Business als Freelancer lassen konnte.

Wir sprachen – halb im Scherz, halb ernst – darüber, wohin es uns wohl eines Tages verschlagen würde. Samuel war zwar noch nie in Europa gewesen, war aber grundsätzlich offen für alles. Und ich konnte es auch kaum erwarten, Sam, wie ich ihn fortan nannte, meinen Eltern und meinen anderen engsten Freunden vorzustellen. Und so war die Freude riesengroß, als es sich ergab, dass wir zwischen Kisten packen und Wände streichen einen Ausflug mit meinem Ex-Freund machten, der ständig irgendwo in der Weltgeschichte unterwegs war und gerade einen Zwischenstopp in Südafrika einlegte.

Wir trafen uns zu einer Wanderung auf den Lion's Head, einem der beliebtesten Ausflugsziele, der nur zu Fuß erreichbar ist und von wo aus man mit einem beeindruckenden Blick über Kapstadt, den Atlantik und auf den Tafelberg belohnt wird. Es war ein herrlicher Morgen, an dem ich ziemlich nervös war, weil ich mir einerseits wünschte, dass Sam seinen Vorgänger mögen und dieser uns aber andererseits quasi seinen Segen geben würde.

Doch der blieb leider aus. Zwischen den beiden Männern gab es Vibes, die mir zwar nicht feindselig erschienen, aber eben auch nicht besonders zugewandt oder warmherzig, wie ich es eigentlich gewohnt war. Im Gegenteil fragte Sam mich nach dem gemeinsamen Essen als Abschluss eines eigentlich schönen Ausflugs, ob mein Ex immer so sticheln würde. Ich war überrascht, weil ich die Gespräche anders wahrgenommen hatte. Aber ich entschuldigte mich für ihn und konnte es mir nur so erklären, dass er durch Sams durchdringende Blicke vielleicht verunsichert gewesen war. Im Nachhinein sagte er, dass er Sam zwar nicht unsympathisch fand, ihm aber andersherum aufgefallen war, dass Sam derjenige gewesen war, der blöde Witze gemacht hätte, unter anderem darüber, dass er sich besser auskannte in Sachen Hotspots an der Westküste und dergleichen.

Ich nahm diese kleine Fehde mit Humor, auch wenn es ein Wermutstropfen war – aber ein Tropfen, der in Relation zu dem Überschwang an Glückshormonen vollkommen unterging. Sam und ich kamen zwar aus unterschiedlichen Welten, aber wir hatten weiterhin beide ein großes Interesse an psychologischen Themen und fanden sogar auch ein gemeinsames Hobby. Denn er schaffte es, mich innerhalb kürzester Zeit fürs Joggen zu begeistern. Bislang hatte ich immer Mühe gehabt, meinem Vorhaben, regelmäßig laufen zu gehen, treu zu bleiben, weil ich einfach keinen Spaß daran hatte. Doch Sam erklärte mir, dass ich offenbar einfach zu schnell startete. Auf seine zwar dominante, aber eben auch sehr einfühlsame Art, zeigte er mir, wie es viel besser ging: so langsam laufen, dass man sich dabei noch entspannt unterhalten kann. Ab dem Zeitpunkt joggten wir regelmäßig zusammen mit Fluffy am Strand, sodass ich immer mehr Gefallen daran fand und schnell Fortschritte machte. So schnell, dass ich nach kürzester Zeit problemlos fünf Kilometer am Stück schaffte.

Sam freute sich, dass ich so begeisterungsfähig war, und belohnte mich für dieses Etappenziel mit einem leckeren Essen, das wir uns auf dem Oranjezicht Market direkt am Hafen besorgten, wo es viele handgemachte Produkte, Blumen und Stände mit frischen Köstlichkeiten gibt, während Livemusik die entspannte Atmosphäre untermalt. Wir schlenderten mit unseren Lachs- und Avocado-Sandwiches hinunter zu einem kleinen Bootsverein, von wo aus wir einen herrlichen Blick über die Bucht hatten. Wir genossen bestens gelaunt unser leckeres Essen und kamen mit einem Hobbyfotografen ins Gespräch, der gerade dabei war, die untergehende Sonne mit einem Stativ festzuhalten. Ich gab ihm einen Tipp für eine noch bessere Belichtung. Er bedankte sich und bot im Gegenzug an, ein schönes Foto von uns zu machen. Die Kulisse sei schließlich perfekt für ein Liebespaar! Wir mussten lachen, denn irgendwie erinnerte uns diese Szenerie an den Ausflug zu den Elefanten. Der junge Mann war verunsichert und entschuldigte sich, weil er nicht einordnen konnte, ob wir nun liiert waren oder nicht. Sam griff daher demonstrativ nach meiner Hand, lächelte mich voller Stolz an und sagte: »Natürlich sind wir ein Paar!«

Auch wenn es längst klar gewesen war, hatten wir es bisher nie wirklich ausgesprochen. Und so war auch dieser ein magischer Moment, der sogar noch gekrönt wurde, als wir gemeinsam aufs Meer blickten und tatsächlich Delfine entdeckten. Und nicht nur das – zwei dieser faszinierenden Tiere sprangen plötzlich voller Lebensfreude empor und formten zusammen in der Luft ein Herz. Ich kam mir vor wie die Hauptfigur in einem kitschigen Film und hoffte, er würde niemals enden …

Zwei Tage vor Weihnachten war es so weit: Der Umzug stand an – Sam bezog sein Haus inmitten der Weinberge bei Paarl, einer Stadt im Landesinneren, etwa 60 Kilometer nordöstlich von Kapstadt entfernt. Weil wir dort mehr als genug Platz hatten und noch vieles erledigt werden musste, damit es wohnlicher wurde, verbrachten wir die meiste Zeit dort und übernachteten fast immer gemeinsam. Ich kam zwar nur sporadisch in meine WG in Kapstadt, und doch fühlte es sich richtig an, eine längerfristige Bleibe dort zu haben – eine Wohnung mit richtigem Mietvertrag, jetzt, da sich immer mehr herauskristallisierte, dass ich London zugunsten von etwas sehr Reizvollem hinter mir gelassen hatte. Die zugesagten Shootings in Deutschland würde ich ja trotzdem übernehmen können. Aber ich stellte mich darauf ein, dass Kapstadt in nächster Zeit meine neue Heimat sein würde.

Das Haus von Sam wäre mit vier Zimmern eigentlich groß genug gewesen, um auch bei ihm unterzukommen. Aber das war gar kein Thema, zumal Sam einem Bekannten aus seinem Polo-Team zugesichert hatte, dass er als WG-Partner bei ihm wohnen könnte. Zudem war ich noch lange nicht bereit, mich so rasch auch räumlich ins Beziehungsabenteuer zu stürzen. Es ging alles extrem schnell, und ich wollte ganz bewusst jede Phase der Verliebtheit genießen und war gespannt darauf, welche Themen uns wohl so als Paar einander noch näherbringen würden.

Mein damaliger Partner hatte mir vorgelebt, die Dinge leicht zu nehmen und entspannt anzugehen, statt sie erzwingen oder kontrollieren zu wollen. Viel wichtiger aber war, dass unsere Beziehung mich gelehrt hatte, wie elementar es war, den anderen nicht zu bewerten oder gar zu verurteilen und erst einmal bei sich zu gucken, warum einen gewisse Dinge stören oder triggern.

Deshalb versuchte ich mich in alltäglichen Situationen, in denen ich bei Sam Verhaltensweisen oder Äußerungen beobachtete, die mir nicht entsprachen, in Akzeptanz zu üben. Doch – ähnlich wie wohl in den meisten anderen Beziehungen – zeigte sich in unserem Alltag, wie herausfordernd solche Unstimmigkeiten und Irritationen sein können. Wir verstanden uns trotz kleiner sprachlicher Hürden grundsätzlich bestens und hatten weiterhin jede Menge Spaß. Dennoch konnten auch wir nicht verhindern, dass wir einander kleinere Verletzungen zufügten. So gab es ein Missverständnis, bei dem ich mich im Scherz genervt abgewendet hatte, als Sam mich küssen wollte. Zunächst reagierte er wie erwartet mit einem Lachen auf den Lippen. Zumindest hatte ich es so wahrgenommen. Doch dann wendete sich das Blatt: Er war eingeschnappt, weil er mir nicht glaubte, dass ich diese Abfuhr bloß aus Spaß gespielt hatte.

Mein »first hurt«-Moment wiederum folgte ein paar Tage später, als wir zusammen im Bett lagen und ich mich an ihn schmiegen wollte. Doch er ignorierte mich und scrollte sich stattdessen eine ganze Zeit lang auf seinem Handy durch sämtliche Social-Media-Kanäle.

Ich versuchte, auf mich aufmerksam zu machen, indem ich meinen Kopf zwischen seinen Armen hindurchschob und ihn angrinste. Doch er wandte sich ab und fand, ich sei zu ungeduldig. Mich traf diese Äußerung vor allem deshalb, weil er mich bis zu diesem Zeitpunkt stets dafür gelobt hatte, wenn ich achtsam unser Beziehungswohl im Blick hatte. Und außerdem hatte ich es sehr geschätzt, dass wir beide uns bis dahin einig gewesen zu sein schienen, dass Handynutzung im Bett tabu sei, zumindest, solange wir zusammen waren und einfach die Gegenwart des anderen genossen.

Trotz dieser seltenen Irritationen fügte sich weiterhin eins zum anderen. Wir feierten zusammen Weihnachten mit Sams Familie. Ich lernte seinen Vater Carl, seine Stiefmutter Ellen, seine Großeltern sowie Cousins und Cousinen kennen. Es fühlte sich zwar seltsam an, das erste Mal ohne meine Familie zu feiern, aber durch das milde Klima wollte bei mir ohnehin keine echte Weihnachtsstimmung aufkommen. Ich war zudem viel zu sehr damit beschäftigt, mir weiterhin ein Bild vom Leben des Mannes zu machen, der so unverhofft und doch herbeigesehnt fortan an meiner Seite war und mir zumeist das Gefühl gab, ich würde ihm alles bedeuten.

Innerhalb kürzester Zeit war ich voll und ganz in sein Umfeld integriert. Mit seinen Freunden feierten wir eine Einweihungsparty und auch Silvester. Und den Neujahrstag wiederum verbrachten wir in meiner Wohnung, weil wir das Jahr 2019 – unser Jahr – ganz besonders begrüßen wollten. Weil das Geländer auf meinem Balkon wegen Sanierungsarbeiten für kurze Zeit abmontiert worden war, hatten wir von dort aus freie Sicht über den Green Point Park und viele markante Punkte Kapstadts wie das Stadion. Wir genossen ein sehr romantisches Picknick, und Sam bat mich plötzlich, für ihn zu singen. Mir war gar nicht bewusst gewesen, dass ich offenbar vor mich hin gesummt hatte, als ich genüsslich frisches Brot vom Markt in den Humus dippte. Und obwohl es sehr ungewohnt für mich war, begann ich leise *Paperweight* für Sam zu singen, der mir anschließend versicherte, wie glücklich er mit mir sei und wie schön er die Vorstellung fände, wenn ich eines Tages unseren Kindern Lieder zum Einschlafen vorsingen würde.

REFLEXION

Zwischen all den liebevollen Momenten gab es aber auch einige kleine Irritationen. Sie stellten an sich keine Probleme dar, sondern wühlten mich auf, ohne dass ich benennen konnte, warum. Waren wir vielleicht doch zu verschieden? Oder waren Sam und ich genau aus diesem Grund füreinander bestimmt, da er mir meine Triggerpunkte aufzeigte, an denen ich noch wachsen konnte?

Als Samuel in sein Haus zog, schenkte er mir vier Flaschen Amarula. Er wusste ja, dass es eins meiner Lieblingsgetränke war, wenngleich ich generell eher selten Alkohol trank und noch seltener zu Hause. Auf seiner Einweihungsfeier hatte ich die Gelegenheit genutzt, seinen Freunden ein Glas anzubieten. So hatte ich einen Anlass, mit jedem zu sprechen und alle Gäste besser kennenzulernen. Statt jedoch anzuerkennen, dass ich mir Mühe gab, mich in seinen Freundeskreis zu integrieren, war Samuel beleidigt, dass ich sein Geschenk so großzügig mit anderen teilte. Im Lauf unserer Beziehung hat er mir das häufiger vorgeworfen, obwohl er wusste, dass ich die Menge niemals allein trinken würde.

Wir hatten zu Beginn quasi eine Fernbeziehung in der Fernbeziehung, denn Samuels Haus in Paarl lag knapp eine Autostunde von Kapstadt entfernt. Eines Tages standen wir wieder gemeinsam in meiner WG im Badezimmer, um uns die Zähne zu putzen.

»Hier, das solltest du vielleicht noch wegwischen, bevor deine Mitbewohner zurück sind«, sagte er und deutete auf die Zahnpastaspritzer am Spiegel. Da ich mich beim Zähneputzen immer zum Fenster drehte und herausschaute, war ich mir recht sicher, dass sie nicht von mir waren. Dennoch habe ich den Spiegel wortlos sauber gemacht. Wenige Tage später beobachtete ich, dass Spritzer an den Spiegel kamen, wenn Samuel seine Zahnbürste nach dem Zähneputzen ausschüttelte. Ich überlegte, wie unangenehm es mir wäre, wenn ich meinem neuen Partner vorwerfen würde, etwas verursacht zu haben, was eigentlich ich selbst verursacht hätte, und ihn dann auch noch aufforderte, es wegzumachen. Ich entschied mich, diese Beobachtung lieber für mich zu behalten, um ihn nicht in diese unangenehme Lage zu bringen. Einzeln betrachtet, ist auch diese Begebenheit ja keine große Sache, doch wie sich später herausstellte, waren genau solche kleinen, scheinbar unwichtigen Situationen Ausdruck von Verhaltensmustern, die ich bis dato schlichtweg nie zuvor erlebt hatte.

Wie bereits erwähnt, leidet ein Mensch mit einer narzisstisch geprägten Persönlichkeit im Ursprung an einem sehr geringen Selbstwertgefühl. Kleinigkeiten – wie ein falscher Blick, ein falsches Wort oder eine Handlung wie das »Weiterverschenken« des Amarulas – können dazu führen, dass er sich abgewertet fühlt und zurückschlägt, indem er sein Gegenüber – in diesem Fall mich – abwertet, um sich selbst dadurch zu überhöhen.

Sobald dieser Punkt einmal erreicht ist, beginnen solche Persönlichkeiten, ihre Partner zu »testen« – auf ihre Grenzen, ihre Trigger und ihre Reaktionen. Das muss ihnen nicht einmal selbst bewusst sein, doch im Prinzip testen sie konstant, ob ihr Partner oder ihre Partnerin es tatsächlich wert ist, einen Platz in ihrem Leben zu haben, um die Lücke zu füllen, die sie selbst nicht füllen können. Das können Eigenschaften sein, die derjenige aktuell in seinem Leben braucht, um sich gut zu fühlen, oder eine Rolle, die übernommen werden soll, damit er oder sie die eigenen Ziele im Leben erreichen kann.

Im Grunde kann man dabei aber gar nicht gewinnen. Denn entweder zeigt man ihm durch Zurückhaltung wie bei der Spiegelsituation, dass es okay ist, einen so zu behandeln, oder aber man offenbart seine Triggerpunkte, mit denen man bei Bedarf provoziert werden kann. Zu Beginn einer Beziehung bleibt es bei subtilen harmlosen Kommentaren wie diesen, die vielleicht ein bisschen irritieren können, aber nicht weiter wichtig erscheinen. Gleichzeitig kommt es auch in jeder gesunden Beziehung zu kleinen oder auch großen Irritationen. Doch toxisch wird es dann, wenn sich solche Konfrontationen mit der Zeit häufen und so beim Gegenüber eine tiefe Verunsicherung implementieren können, die starke Selbstzweifel hervorrufen und so nicht nur der Beziehung schaden, sondern auch dem Selbstwertgefühl des Gegenübers.

7 ABSTURZ IM HÖHENFLUG

Das neue Jahr fing großartig an. Meine Freundin Julie war meiner Einladung gefolgt, zwei Wochen lang bei mir Urlaub vom deutschen Winter zu machen. Ich freute mich riesig, ihr zu zeigen, warum Kapstadt mich immer wieder so magisch anzog, und natürlich brannte ich darauf, dass sie und Sam sich kennenlernten. Zunächst aber schleppte ich Julie nach ihrer Ankunft ins *Fat Cactus*, also genau jenes Restaurant, in dem meine filmreife Love-Story begonnen hatte.

Julie wollte unbedingt erfahren, ob es die richtige Entscheidung gewesen war, London den Rücken zu kehren, und was die Schmetterlinge in meinem Bauch machten, die mir bei unserer letzten Begegnung in Berlin sogar den Appetit auf Schmalzgebäck genommen hatten.

»Du strahlst immer noch so happy«, sagte sie und freute sich aufrichtig für mich, weil man mir offensichtlich ansah, wie gut es mit Sam lief. Ich berichtete, dass er durchaus kein einfacher Charakter sei, weil er die Dinge immer ganz genau wissen wollte, zu allem eine Meinung hatte und auch nicht anders konnte, als andere zu analysieren. Auf der anderen Seite war es aber genau das, was mich so sehr an ihm faszinierte. Ich hatte zuvor nie einen Mann getroffen, der sich genauso für all die tiefen Themen begeistern konnte, mit dem man stundenlang beim Essen über den Sinn des Lebens und das Streben nach persönlichem Wachstum philosophieren konnte. Dazu hatte er keinerlei Probleme, sich zu mir und unserer gemeinsamen Zukunft zu bekennen. So etwas kannte ich nicht, und auch Julie, die grade nach langer Zeit wieder Single war, fand, es könnte gar nicht anders sein, als dass Sam exakt derjenige war, an den ich einst all meine Wünsche in Bezug auf eine erfüllende Beziehung adressiert hatte.

Weil Sam allmählich damit anfing, seinen Einstieg in die Freiberuflichkeit zu planen, verbrachte ich den ersten Tag mit Julie allein. Nachdem sie sich vom Flug erholt hatte, erfüllten wir uns gemeinsam einen Traum, über den wir schon so oft gesprochen hatten und der nicht nur auf unserer Bucket-List stand, sondern auch als Postkartenmotiv auf meinem Visionboard festgehalten war: mit einem Pferd am Strand zu reiten.

Wir buchten also einen Ausritt am Noordhoek Beach. Die wundervollen Tiere, die traumhafte Kulisse, das herrliche Wetter, alles war perfekt – wären uns die Pferde nicht nach gut 20 Minuten durchgegangen. Wir lieferten uns unfreiwillig ein Rennen und kamen uns vor, als wären wir kurzzeitig in die Rollen von *Bibi & Tina* geschlüpft. Zum Glück ging alles glimpflich aus.

Als wir später am Cape Point Vineyards Market waren, mit Blick auf die Weinberge, um uns leckere Veggie-Burger zu holen, mussten wir uns erst einmal von dem Schock erholen. Julie und ich sprachen darüber, dass es zwei Möglichkeiten gab, so ein Ereignis einzuordnen – entweder als Abenteuer, das enttäuschend und abrupt endete, oder aber als denkwürdiges Erlebnis, bei dem man sich glücklich schätzen konnte, noch am Leben zu sein. Denn es hätte auch komplett anders verlaufen können. Julie und ich waren uns wie immer einig, dass das Glas halb voll statt halb leer war. Sie war ebenso grundpositiv wie ich und genauso erfinderisch, wenn es darum ging, Geschehnissen eine Bedeutung zu geben, auch wenn diese auf den ersten Blick vielleicht nicht offensichtlich war.

Als wir uns später am Tag mit Sam in meiner Wohnung trafen, damit er und Julie sich kennenlernten, berichtete ich natürlich noch immer in heller Aufregung, dass wir auch hätten sterben können, wenn eine von uns im Galopp vom Pferd gefallen und womöglich mit dem Fuß im Steigbügel hängen geblieben wäre. Ich war ein wenig enttäuscht, statt Trost eher Widerspruch von ihm zu bekommen, weil er mir plausibel machen wollte, dass die Wahrscheinlichkeit für ein tragisches Ende nicht besonders hoch gewesen sei. Schließlich hatte er beim Polo schon so manches Sturzmanöver gesehen und war überzeugt, dass die meisten Unfälle glimpflich ausgehen. Doch Julie und ich waren uns zum Glück augenzwinkernd einig, dass uns quasi ein neues Leben geschenkt worden war, und das wollten wir auch unbedingt feiern! Tatsächlich hatten wir zu dritt jede Menge Spaß, zumal das Wochenende vor der Tür stand, für das wir eifrig Pläne schmiedeten. Am Freitagabend gingen wir in einen Club, am Samstag wandern und anschließend in den Battery Park, um dort an einer Outdoor-Yogastunde teilzunehmen. Und für den Sonntag hatte Sam die tolle Idee, uns einen kleinen Hügel zu zeigen, von dem aus man das gesamte Gestüt seines Vaters überblicken konnte. Unter einem Feigenbaum hatte seine Familie ein privates Sonnendeck angelegt, das ich zuvor noch nicht zu Gesicht bekommen hatte.

Julie und ich hatten einen Korb mit frischem Brot, Käse, Obst und ein paar Drinks vorbereitet und machten es uns auf der Decke gemütlich, während Sam noch kurz seine Gitarre holen wollte. Das war wirklich eine Wohltat, weil Julie und ich nach unserem Ausritt erstmal genug von Pferden hatten und froh waren, einfach entspannt die Aussicht genießen zu können. Doch als wir gerade einen frisch zubereiteten Smoothie auf dem Sonnendeck einnehmen wollten, kam der nächste Schock. Ein Stallhelfer eilte auf uns zu und schrie, dass wir schnell kommen sollten. Ich rannte runter zum Haupthaus. Sam lag bewusstlos neben seiner Gitarre im Flur, auf dem Boden. Sein Körper war schlaff, seine Lippen blau, und für einen Moment schien er nicht zu atmen. Ich konnte nicht sagen, ob er bei Bewusstsein war. Ich versuchte, sofort zu helfen, wusste aber nicht, wie. Gerade als Julie den Notarzt rufen wollte, sah ich, wie ein Auto vorfuhr. Es war Sams Vater. Ich stürmte nach draußen und rief ihn zur Hilfe, während Fluffy aufgeregt neben mir bellte.

»Das ist einer seiner Anfälle«, sagte Carl und versuchte Sam zu stützen und zu beruhigen, doch er schien noch immer schwach und verwirrt. Ich hielt ihn am Arm fest, um ihm Halt zu geben, wobei er mir versehentlich das rosegoldene Armband kaputtriss, das er mir zu Weihnachten geschenkt hatte. Zum Glück aber begann sich sein Zustand langsam zu bessern, doch Sams Blick war seltsam leer und seine Reaktion abweisend und ungehalten, als wir ihn ins Schlafzimmer begleiten und ihn auf das Bett legen wollten. Er wollte lieber an die frische Luft, doch Sams Vater entgegnete immer wieder, er brauche Ruhe, es sei gleich vorbei …

»Was war das?«, wollte ich wissen und bekam als Erklärung: Sam litt an synkopalen Anfällen, die durch Stress oder andere Auslöser plötzlich auftreten konnten. Offenbar war er immer noch nicht ganz er selbst. Denn er sprang plötzlich auf und lief nun zum Fenster, riss es auf und rief nach seiner Schwester Claire. Es brach mir das Herz, und gleichzeitig war ich zutiefst erschüttert darüber, dass der Mensch, mit dem ich mich so intensiv über all die Wochen ausgetauscht und dessen Nähe ich so genossen hatte, nie auch nur mit einer Silbe erwähnt hatte, dass er unter diesen Anfällen litt.

Zwischendurch schien Sam wieder zu sich zu kommen und ganz klar zu sein. Ich hielt seine Hand, und er sah mich mit traurigem Blick an, so, als wolle er sagen: Tut mir leid, dass du es auf diese Weise mitbekommen und erfahren musstest. Ich war voller Mitgefühl, aber auch in großer Aufregung, denn nur Sekunden später driftete er wieder ab, wurde fahrig und fragte uns barsch, was wir hier alle wollten. Der Stallhelfer brachte ein Glas Wasser und sagte, er habe früher eine Tante gehabt, die ähnliche Anfälle gehabt habe. Ruhe und Flüssigkeit würden sicher helfen. Sams Vater erklärte mir, dass die eigentlichen Anfälle nur kurz anhielten und man von außen nicht wirklich helfen könne, außer ihn ruhig zu halten und ihm Zeit zur Erholung zu geben.

Tatsächlich war dann das Schlimmste überstanden. Wir vereinbarten, dass es das Beste sei, wenn Julie und ich nach Hause führen und der Vater bei Sam und Fluffy bliebe. Es kam mir seltsam vor, nichts weiter tun zu können, sah aber ein, dass es ohnehin nicht der richtige Zeitpunkt war, all die aufgeworfenen Fragen zu klären, die mich quälten. Ich hatte permanent einen Kloß im Hals, weil es mir so nahe ging, wie Sam nach seiner Schwester gerufen hatte. Und natürlich tat es mir unendlich leid, dass er offenbar nicht nur mit den einschneidenden Verlusten in seinem jungen Leben zu kämpfen hatte, sondern auch mit einer Belastung, die ihn jederzeit und ohne Vorwarnung außer Gefecht setzen konnte.

Als ich zurück in Kapstadt war, googelte ich natürlich, was es mit synkopalen Anfällen auf sich hatte. Ich hatte nie jemanden gekannt, der davon betroffen war, und wurde immer stiller, je mehr ich las. Julie versuchte, mich aufzumuntern, und ich gab ihr recht, dass man solche Vorfälle nicht als Schicksal werten sollte, die irgendeinen negativen Einfluss auf unser gemeinsames Glück haben würden. Auf der anderen Seite aber konnte ich nicht nachvollziehen, warum Sam mir davon nichts erzählt hatte. Allein aus Sicherheitsgründen hätte er mich vorwarnen müssen, insbesondere wenn wir zusammen Auto fuhren, an steilen Felsvorsprüngen entlangwanderten oder auf meinem Balkon ohne Geländer picknickten. Zwar war dieser aktuelle Anfall erst der dritte innerhalb der letzten Jahre, wie ich von Carl erfahren hatte, aber selbst, wenn es noch weniger gewesen wären, hätte ich es als relevant empfunden, als Partnerin eingeweiht zu werden. Immer wieder hatte Sam davon gesprochen, wie lange er auf eine Frau wie mich gewartet hätte, mit der er sich alles vorstellen konnte. Aber die Wahrheit war ich ihm offenbar nicht wert, oder er hatte nicht genug Vertrauen zu mir.

Als Julie bereits schlafen gegangen war, rief Sam mich an. Ich freute mich, denn das bedeutete, dass es ihm besser ging. Er bestätigte das, und auch wenn er sich nicht entschuldigte, so spürte ich doch, dass ihn zumindest sein Gewissen plagte. Ich machte ihm keinerlei Vorwürfe, stellte nur ein paar Fragen und erfuhr, dass Sam selbst nicht viel von einem solchen Anfall mitbekomme. Für ihn sei das Ganze weniger dramatisch, aber er könne verstehen, dass es für das Umfeld sehr beunruhigend sei. Nur dass er erst einmal kein Auto fahren dürfe, sei echt nervig. Ich erwähnte vorsichtig seine Schwester. Doch es war offensichtlich, dass er noch nicht bereit war, darüber zu sprechen.

In der Nacht lag ich noch sehr lange wach und dachte über all das nach. Und auch wenn Sam noch liebe Nachrichten hinterherschickte, es gäbe wirklich keinen Grund, sich Sorgen zu machen, tat ich genau das. Ich fragte mich, ob er den Verlust seiner Mutter und seiner Schwester womöglich doch nicht so gut verkraftet hatte, wie er immer behauptete, und auch, warum er nicht bereit war, sich mir gegenüber zu öffnen.

REFLEXION

Es waren nicht die synkopalen Anfälle an sich, die mich verunsicherten, sondern die Tatsache, dass es offenbar einige Themen gab, die Samuel vor mir geheim hielt. Zu diesem Zeitpunkt fiel es mir schwer, dies in Worte zu fassen. Mein Freund, mit dem ich so eng verbunden war, fühlte sich mit einem Mal viel fremder an als noch am Tag zuvor.

Seine ausweichende Reaktion auf meine Frage zu seiner Schwester zeigte zu einem gewissen Grad, dass er nicht mit mir über seine tiefsten Gefühle sprechen konnte oder wollte. Ich schloss daraus, dass er in mir keinen Safe Space sah, sich zu öffnen. Jedenfalls noch nicht. Das kannte ich so bisher nicht, und auch auf unserem

Roadtrip hatte er nicht den Eindruck gemacht, sich mir gegenüber zurückzuhalten, was seine Gefühle und Gedanken anging. Normalerweise mache ich auch heute noch die Erfahrungen, dass Freunde und Menschen – auch jene die ich erst seit wenigen Minuten kenne – sich mir gegenüber leicht öffnen und über Dinge sprechen, die sie sonst nicht ansprechen. *Like real deep shit.* Dass mein Partner, also die Person, die mir eigentlich am nächsten steht, diesen Safe Space nicht fühlte oder annahm, war für mich ungewohnt. Es fühlte sich irgendwie an, als stünde eine unüberwindliche Barriere zwischen uns. Eine Art Mauer, die ein gewisses Image wahren sollte. Eine solch unsichtbare Distanz kannte ich aus vorigen Beziehungen nicht. Und auch unsere bisherige Interaktion war alles andere als distanziert gewesen. Wie passte das zusammen?

Anfangs dachte ich, dass Samuel durch seine traumatischen schicksalhaften Erfahrungen vielleicht länger brauchte als andere Menschen, um wahrhaftig zu vertrauen und mich in seine tiefsten Geheimnisse einzuweihen. Dabei war er mir bis jetzt alles andere als verschlossen vorgekommen! So richtig greifen konnte ich es noch nicht, und es tat mir ein Stück weit im Herzen weh, zu sehen, dass jemand so tiefen Kummer in sich trug, der ihn dazu brachte, eine solche Schutzmauer um sich herum zu bauen.

Es kam mir so vor, als würde ich für ihn nicht an gleicher Stelle stehen wie er für mich, auch wenn sowohl er als auch mein Verstand dagegen argumentieren würden. So etwas kommt vor, nur kannte ich das nicht. Für mich zählte mein Partner immer zum engsten Kreis der Familie und vice versa. Es war mir fremd, dass ich mich als Außenstehende fühlte, was mir aber erst viel später bewusst wurde. Nämlich dann, als er im Krankenhaus lag und ich erst nach Stunden informiert wurde. Da hatte er schon den halben Tag mit seinem Vater verbracht.

Wichtig ist an dieser Stelle zunächst, nachzuvollziehen, dass Samuel nie ein Interesse daran hatte, sich gänzlich ohne Fassade zu zeigen. Menschen mit einem labilen Selbstwert bemühen sich häufig – mehr oder weniger unbewusst –, so zu tun, als ob ihnen nichts schaden könnte. Dass die wahre Stärke darin liegt, sich schwach und verletzlich zu zeigen, und daraus Vertrauen und Nähe in einer Partnerschaft entsteht, erfahren sie schon deshalb nicht, weil sie niemals die Kontrolle und damit die Macht verlieren wollen.

Inwieweit dieses Muster tatsächlich auf Samuel zutraf, vermag ich auch mit dem heutigen Abstand nicht vollständig zu beurteilen. Wie die folgenden Kapitel zeigen, gab es aber eine Diskrepanz zwischen dem, was er bereit war einzugestehen, und dem, wie es wirklich in ihm aussah, obwohl ich erst sehr viel später erkannte, wie groß diese Kluft in Wirklichkeit war.

8 JUST LIKE HONEYMOON

Die Zeit verging viel zu schnell. Wir hatten nur noch wenige Wochen bis zum Ablauf meines Visums im April, sodass jede Woche, jeder Tag immer kostbarer wurden.

Bereits im Januar, bei meiner Stippvisite in Deutschland, hatte ich einen bittersüßen Vorgeschmack bekommen, was es heißt, eine Fernbeziehung zu führen. Auch wenn es nur zehn Tage waren, die Sam und ich getrennt gewesen waren, hatte ich eine Ahnung davon bekommen, wie quälend langsam die Zeit verging, obwohl diese durchaus sehr erfüllt gewesen war von vielen beflügelnden Begegnungen. Ich fotografierte unter anderem die Abschlussfeier der Rise-up-and-Shine-University (kurz: RUSU) von Laura. Ich liebte diese Events, bei denen man viele bekannte Gesichter wiedersehen und neue Connections knüpfen konnte. 800 begeisterte Teilnehmerinnen – und ein kleinerer Teil männlicher Teilnehmer – feierten in der Berliner Eventlocation *Kosmos*, dass sie mit zahlreichen Tools und Meditationen an tiefer Selbsterkenntnis und purer Lebensfreude gewonnen hatten. Auch ich hatte die RUSU ein Jahr zuvor durchlaufen und Sam voller Dankbarkeit erzählt, wie tiefgreifend dieser Prozess gewesen war – auf mehreren Ebenen. Einerseits war es einfach eine Riesenfreude und fortwährende Inspiration, meine so lieb gewonnene Freundin Laura emotional und mit Kamera begleiten zu dürfen, wie sie ihre Vision, so viele Menschen wie möglich zu spirituellem Wachstum anzuregen, immer erfolgreicher realisierte. Als wir uns kennenlernten, hatte sie, noch an ihrem Küchentisch in ihrer Berliner Wohnung, still und heimlich angefangen, ihren so wertvollen Content als Audioformat in die Welt zu bringen. *Happy, Holy & Confident* wurde schon bald der erfolgreichste Podcast im Bereich Persönlichkeitsentwicklung und bildete die Basis für eine neue, moderne spirituelle Bewegung im deutschsprachigen Raum.

Auf der anderen Seite konnte ich auch anhand meines eigenen Weges beobachten, wie hilfreich es war, negative Glaubenssätze aus der Kindheit zu entlarven und Verantwortung für die eigene Heilung zu übernehmen, um mit einer quasi transformierten Lebensenergie noch mehr von dem zu kreieren, was mir und meinem höheren Selbst wahrhaftig entspricht. Und letztlich war die RUSU auch ein Akt der Selbstliebe: zu erkennen, wie es möglich ist, aus unseren vermeintlichen Schwächen eine individuelle Stärke zu generieren und aus Verletzungen und Traumata herauszuwachsen, so weit, dass wir für andere dadurch ein Geschenk sein können.

Über all diese Themen philosophierte ich liebend gern auch weiterhin mit Sam. Allerdings war sein Anfall ein Einschnitt gewesen, den ich eine ganze Zeit lang nicht richtig einzuordnen wusste, zumal es weitere kleinere Begebenheiten gab, die mich nachdenklich machten. Das Magazin, bei dem er als sogenannter fester freier Mitarbeiter schnell Fuß gefasst hatte, bot ihm überraschend den Posten als stellvertretender Chefredakteur an. Wir freuten uns beide sehr darüber, auch wenn dieser Karriereschritt bedeutete, weniger Zeit miteinander verbringen zu können. Aber natürlich war ich Feuer und Flamme, als es hieß, es solle ein kurzes Porträt über Sam veröffentlicht werden, für das auch Fotos benötigt wurden.

Also machten wir ein kleines Fotoshooting in der Nähe der Redaktion. Dabei gestand er mir, dass er es eigentlich gar nicht möge, vor der Kamera zu stehen. Und auch dass ein Artikel über ihn erschien, war ihm unangenehm. Er wolle auf keinen Fall den Eindruck erwecken, sich egozentrisch und selbstverliebt zu präsentieren. Ich redete ihm gut zu und konnte zum Glück mein Talent einbringen, eine entspannte Atmosphäre zu schaffen, die ihm Sicherheit gab. Das Ergebnis konnte sich wirklich sehen lassen – mehrere Bilder, die seine schönen grünen Augen erstrahlen ließen und zeigten, was ich tief in meinem Inneren längst fühlte – nämlich, dass Sam ein überaus liebenswürdiger Mensch war, auch wenn er es bislang nicht gelernt hatte, sich einem anderen gegenüber vollständig zu öffnen.

Sobald wir aber mehr Zweisamkeit genießen konnten, kamen wir immer wieder durch tolle Gespräche an den Punkt, einander zu versichern, als Paar gleichermaßen »zusammen wachsen« und »zusammenwachsen« zu wollen. So waren auch die schönsten Tage die, an denen wir gemeinsam etwas unternahmen oder hier und da einen Ausflug einbauten, bei dem wir Land und Leute erkundeten. Mal zeigte Sam mir Geheimtipps wie Strandbars oder Buchten, die in keinem Guide angepriesen waren. Und mal entdeckte ich besonders schöne Motive, für die es sich lohnte, einen Stopp einzulegen, wenn wir mit dem Auto unterwegs waren.

So auch bei unserem Campingtrip nach Sanddrif in die Cederberge. Weil Sam wegen seines Anfalls noch immer kein Auto fahren durfte, musste ich das erste Mal in meinem Leben als Fahrerin mit dem Linksverkehr klarkommen, was mir zum Glück einigermaßen gelang. Es tat wirklich gut, dass wir beide nach all den Ereignissen der vergangenen intensiven Wochen, die unser beider Leben eine neue Richtung gegeben hatten, einmal durchatmen konnten.

Während einer Wanderung zum Maalgat Rock Pool sprachen wir im Schutz der Abgeschiedenheit und Stille über Sams Anfälle und die Gründe, warum er sie mir verschwiegen hatte.

»Ich hoffe einfach, dass das keine größere Rolle spielt«, erklärte er und auch, dass es ihm leidtue, mir gegenüber nicht von Anfang an offen damit umgegangen zu sein. Er habe mich nicht verschrecken wollen und außerdem eine Strategie entwickelt, um damit besser klarzukommen, nämlich, es bestmöglich auszublenden und dafür immerhin weniger Polo zu spielen. Am Abend vor dem Anfall habe er offenbar ein paar Bier zu viel getrunken, was wohl ein Triggerpunkt fürs Gehirn gewesen war.

Ich war erneut voller Empathie und Mitgefühl für ihn und fragte, ob es irgendetwas gäbe, was ich tun oder wie ich ihm helfen könnte. Er schüttelte den Kopf und sagte sehr ruhig und klar, es sei seine Herausforderung, damit zu leben, und das klappe die meiste Zeit durchaus sehr gut. Dennoch bekräftigte er einmal mehr, wie toll er es fände, dass es nun jemanden an seiner Seite gab, der sich dafür interessierte, wie es ihm ging. Ich musste daran denken, wie betroffen es mich gemacht hatte, dass er während des Anfalls nach seiner Schwester gerufen hatte.

Ich kannte Sam mittlerweile gut genug, um zu wissen, dass er wirklich großen Wert darauf legte, sich selbst im Auge zu behalten und an sich selbst zu arbeiten. Dennoch fragte ich mich, ob das, was in seiner prägenden Vergangenheit passiert war, trotz Therapie im jungen Erwachsenenalter noch nicht wirklich geheilt war. Behutsam kam ich daher auf unser Picknick auf dem Gestüt zu sprechen, das so überraschend ein jähes Ende gefunden hatte, und darauf, was ich hautnah mitbekommen hatte. Zunächst versuchte Sam, die Sache kleinzureden. Mein unendlich mitfühlender Blick reichte aber wohl aus, dass ihm keine andere Wahl blieb, als sowohl sich selbst gegenüber als auch mir die Wahrheit einzugestehen, schon allein, weil ich gar keinen Grund hatte, mir eine solch dramatische Szene auszudenken, die ich überdies niemals vergessen würde.

»Sie war der wichtigste Mensch für mich«, sagte Sam nach einigem Zögern. Obwohl ein sehr schönes Porträtfoto von Claire auf Sams Nachttisch stand, hatten wir seit dem Trip zur Bloukrans Brigde bislang nie wieder über sie gesprochen. Und es schien nun an der Zeit und an diesem wunderschönen Platz mit dem glasklaren See der richtige Ort zu sein, das noch einmal ausführlicher zu tun.

Ich erfuhr, wie es sich damals für Sam angefühlt hatte, diesen extremen Einschnitt bewältigen zu müssen, und auch, was für ein liebenswürdiger und beliebter Mensch seine Schwester gewesen war. Die damalige Frau des Vaters hatte sie leblos im Stall gefunden, und Sam würde niemals deren schrillen Schrei vergessen, der über den Hof bis in den großen Garten gedrungen war, wo er gerade damit beschäftigt gewesen war, nach einer morgendlichen Joggingrunde das Fell des ersten Border Collies der Familie zu bürsten. Und er sagte mir, wann immer er das bei Fluffy täte, müsse er an diesen Tag im November denken, der ihm den Boden unter den Füßen weggerissen hatte.

»Und das nach allem, was du wegen deiner Mutter durchmachen musstest«, sagte ich voller Bedauern nach diesen beklemmenden Schilderungen und hoffte, Sam würde mir auch etwas mehr über den Weggang seiner Mutter erzählen und was aus ihr geworden war. Doch jedes Mal, wenn sie in irgendeinem Zusammenhang zur Sprache kam, dann immer nur kurz und verständlicherweise so, dass sie nicht besonders gut wegkam. Ich erfuhr nur, dass sie nie versucht hat zurückzukehren. Vielleicht war das auch der Grund, warum Sam an Frauen keine allzu hohen Erwartungen mehr hatte und häufiger betonte, dass er noch nach den Fehlern bei mir suche.

Wir wanderten wortlos eine ganze Zeit weiter an dem langen Ufer entlang. Hin und wieder machte ich ein paar Fotos von den markanten Felsformationen, die sich vor dem strahlend blauen Himmel abhoben. Und als wir auf dem Rückweg eine Pause einlegten und auf das schimmernde Wasser blickten, gingen mir noch immer tausend Fragen durch den Kopf, wie Sam zu bemerken schien.

»Ich kenne diesen grübelnden Blick«, sagte er und lächelte mich ganz warm an.

Ich fühlte mich ertappt. Denn mich beschäftigte die Frage, wie es in Sams Gefühlswelt tatsächlich aussah, und dass ich von meiner Seite nur versuchen konnte, ihm die Zeit zu geben, die er brauchte, um sich wahrhaftig zu öffnen.

»Ich bin einerseits so sehr beeindruckt, wie stark du bist – trotz oder vielleicht ja auch gerade wegen dieser Schicksalsschläge …«, begann ich.

»Aber?«, fragte Sam und nahm meine Hand.

»Ich kann nur nicht einschätzen, wie es wirklich in dir aussieht. Du machst eigentlich nicht den Eindruck, als ob dich die Vergangenheit noch so stark beeinflussen würde. Aber du zeigst auch nicht gern Schwäche, oder?«, sagte ich, ohne irgendeinen Vorwurf in die Worte zu legen.

Sam stimmte mir in gewisser Weise zu und sagte: »Mein Vater hat mir beigebracht, dass du immer Haltung bewahren musst. Besonders, wenn alles auseinanderfällt.« Er erklärte, dass er sich immer für das Wohlergehen seiner Schwester verantwortlich gefühlt habe und so gesehen als großer Bruder sehr schnell erwachsen geworden sei. Und da wäre es sicher nicht verwunderlich, dass er vielleicht manchmal stärker wirke, als er in Wahrheit sei. Das bedeute aber nicht, dass er grundsätzlich nicht klarkäme. Nicht ohne Grund interessiere er sich für Psychologie und schreibe Artikel, die einen therapeutischen Fokus hatten und neuste Erkenntnisse aus der Forschung vermittelten. Und schon bevor er mich kennengelernt hatte, sei er eigentlich zufrieden mit sich und seinem Leben gewesen. Und dass er nun sogar sein eigenes Haus besäße und die richtige Frau gefunden hätte, erfülle ihn mit purer Dankbarkeit.

Ich war ebenso von Dankbarkeit erfüllt über diesen berührenden Austausch und blickte eine ganze Weile schweigend zusammen mit Sam über die artenreiche Fynbos-Vegetation inmitten der umliegenden Felsen. Es war ein sehr besonderer Moment, den man eigentlich nicht hätte toppen können, hätte Sam nicht eine dieser verrückten Ideen gehabt, die ich so sehr mochte. Er richtete sich plötzlich auf und bestand darauf, dass wir vom Felsen ins Wasser springen sollten. *No way*, dachte ich. Denn dieses Mal war ich mir 100-prozentig sicher, dass ich meine Angst nicht überwinden würde. Es waren über drei Meter Höhe und dazu nur eine schmale Stelle, in die man ins Wasser eintauchen konnte. Doch Sam redete mir so lange mit liebevollen Worten gut zu, bis ich schließlich seine Hand griff und wir gemeinsam sprangen. Es war herrlich befreiend, zumal wir ganz allein waren und sämtliche Klamotten in Windeseile – wie schweren Ballast aus alten Zeiten – abgestreift hatten, um dann jede Sekunde unseres unbeschwerten Glücks bewusst auszukosten und uns leidenschaftlich zu lieben.

* * * *

Die Zeit des vorläufigen Abschieds rückte näher. Und auch wenn ich mich sehr freute, bald meine Eltern und Freude wiederzusehen und auch darauf, wieder voll und ganz in meinem Business aufzugehen, mochte ich mir gar nicht ausmalen, wie lang sich all die Wochen ohne Sam anfühlen würden, der so weit weg war. Trotz des zeitintensiven neuen Jobs in der Redaktion und der langen Fahrzeiten sahen wir uns, so oft es ging, und genossen es, dass meine WG oft verwaist war. Meine Mitbewohner Leyla und Marc waren seit Langem ein Paar. Sie war Model und ständig wegen Jobs oder Castings unterwegs, und er hielt sich als Architekt wegen irgendwelcher Projekte auch oft im Ausland auf. So hatten wir zwar leider kaum Gelegenheit, uns näher kennenzulernen, aber ich mochte sie und auch ihren Einrichtungsstil, der sehr ästhetisch und reduziert war, sodass ich mich in der schönen Wohnung superwohl fühlte.

Und natürlich wussten Sam und ich es zu schätzen, dort unsere Zweisamkeit voll ausleben und genießen zu können, was in seinem Haus, zusammen mit seinem Mitspieler Betho, nicht immer ganz so einfach war. Auch wenn wir als frisch verliebtes Paar nicht viel brauchten, um happy zu sein, machte es uns das kulinarische und kulturelle Angebot zentral in der Stadt noch leichter, eine rundum schöne Zeit zu haben, die unsere Verbindung immer inniger werden ließ.

Das Konzert von Ed Sheeran war ein letzter Wahnsinnshöhepunkt zum Abschluss unseres magischen Sommers. Und das nicht nur, aber auch, weil wir uns bei *Perfect* und all den anderen romantischen Songs in den Armen hielten und das verliebte Grinsen gar nicht mehr aus dem Gesicht bekamen. Natürlich schwang Sams Prämisse die ganze Zeit über mit, durch die er manifestiert hatte, mit seiner nächsten Freundin dieses besondere Event unter freiem Himmel im Kapstadt-Stadion in Green Point zu erleben. Und diese Freundin war ich!

REFLEXION

Eigentlich hätte es nicht besser laufen können. Ich schwebte auf Wolke sieben und genoss diese Phase unbeschwerten Glücks, auch wenn wir uns immer erst koordinieren mussten, um möglichst viel Zeit zusammen zu verbringen.

Trotz unserer Verliebtheit und Nähe gab es von Beginn an die charakterlichen Unterschiede, die einerseits schnell zu kleinen Missverständnissen führten, anderseits eben auch großes Wachstumspotenzial mit sich brachten. Sie zeigten mir, wo ich mich zum Beispiel noch mehr in Akzeptanz üben durfte.

Meine absolute Sprache der Liebe ist es, gemeinsam etwas zu kreieren. Ich blühte so richtig auf, wenn wir zusammen kreativ wurden, zum Beispiel beim Fotoshoot für seinen Artikel und beim Herumspinnen, wie es wäre, gemeinsam einen Ratgeber für Auswanderer oder einen Kapstadt-Bildband herauszubringen.

Sam fragte mich sogar, ob ich ihm eine Art Fotoworkshop geben könne, da er sonst eher als Theoretiker unterwegs war und von mir lernen wolle, sich noch mehr auszuprobieren. Er betonte oft, wie dankbar er dafür wäre, durch mich mehr Kreativität in seinen Alltag einzuladen. Es bedeutete mir sehr viel, dass er Interesse an dem zeigte, was ich liebte.

Auch die Option, zusammen eine Coaching-Ausbildung zu machen und Paar-Coachings anzubieten, war für mich eine absolute Traumvorstellung, die dazu beitrug, mich mehr und mehr zu 100 Prozent auf eine gemeinsame Zukunft einzulassen, die wir uns so vielversprechend gemeinsam gestalten würden.

Umso enttäuschter war ich, als Samuel unseren Fotoworkshop, den ich bereits vorbereitet hatte, kurzfristig absagte. Und auch meine Anregungen zur Gestaltung des Hauses, um die er mich gebeten hatte, lobte er zunächst in den Himmel – nur um sie am Ende dann doch komplett zu ignorieren. Vermutlich, weil unser Geschmack einfach zu unterschiedlich war.

Durch seine Handlungen gab er mir manchmal das Gefühl, weder meine Zeit noch meine Arbeit wertzuschätzen. Auch wenn seine Worte Gegenteiliges behaupteten. Ich übte mich also darin, solche Dinge nicht persönlich und nicht allzu schwer zu nehmen. Denn gerade unsere Unterschiede waren es ja auch, die eine gewisse Dynamik in unsere Beziehung brachten, da wir so viel voneinander lernen und unseren Horizont erweitern konnten.

Aus heutiger Sicht jedoch erscheinen mir diese Versprechen, gemeinsam etwas kreieren zu wollen, als Beispiel für ein typisch ungesundes Kommunikationsmuster. Denn dazu gehört nicht selten, sich in der bereits geschilderten selbstgeschaffenen Grandiosität besser darzustellen, als man in Wahrheit ist.

Zeigt sich in der Realität dann aber, dass das Verhalten konträr zu dem geschönten Bild ist, werden entweder ursprüngliche Absprachen geleugnet und so etwas behauptet wie: »Ich habe nie gesagt, dass ich eine Coaching-Ausbildung machen will.« Oder aber der Spieß wird umgedreht und aus dem Zusammenhang gerissen, indem ein Mensch mit einer narzisstisch geprägten Persönlichkeit seinem Gegenüber einzureden versucht, das Problem läge bei der anderen Person und nicht bei ihm selbst. Typisch sind Aussagen wie: »Was willst du nun wieder? Das mit der Coaching-Ausbildung hast du völlig falsch verstanden. Das ist doch nicht mein Problem, dass du dir sonst was vorgestellt hast. Das ist echt problematisch, wenn du so schnell falsche Dinge in unsere Gespräche hineininterpretierst.«

Die Strategie dahinter ist es, das Thema zu wechseln und/oder auch hier, den anderen abzuwerten, um von der eigenen Unzulänglichkeit abzulenken und sich selbst durch Überhöhung aufzuwerten.

9 ZWISCHEN DEN WELTEN

Bei unserem Abschied war es sonnenklar, dass ich, so schnell es ging, zurückkehren müsste und wir es auch nicht aushalten würden, den ganzen südafrikanischen Winter oder deutschen Sommer ohneeinander zu verbringen. Wir vereinbarten, dass ich im Juni für eine gemeinsame Safari kommen würde, von der wir seit Längerem geträumt hatten. Und seine anderen Urlaubstage würde Sam nutzen, um mich später in Deutschland zu besuchen, was schon ein weiterer Punkt auf seiner Bucket-List gewesen war, noch bevor wir uns auf so schicksalhafte Weise getroffen hatten.

Davor, dazwischen und danach galt es, mein übervolles Programm abzuarbeiten. Da sich meine Einkünfte nun mal hauptsächlich aus Jobs in Europa bei mildem Klima generierten, musste ich gleich an die 20 Aufträge in den ersten Wochen mit Vor- und Nachbereitung koordinieren – zusätzlich zu all den Kundenmeetings und Events, die ich besuchen wollte, um Kontakte und natürlich auch meine Freundschaften zu pflegen.

Kaum war ich in Frankfurt gelandet, ging es direkt weiter nach Hamburg; von dort in den Zug an die Ostsee und dann wieder Richtung Süden oder nach NRW. Es gab eigentlich keinen Tag, der nicht verplant war.

Ein Job, auf den ich mich mit am meisten freute, war eine Hochzeitsreportage in Malaga mit einer Braut namens Farina! Wie das Leben so spielt, hatte ich »zufällig« ein paar Jahre zuvor eine Videografin namens Farina kennengelernt. Und das, obwohl dieser Name so selten ist. Sie wiederum wurde von der Braut, die ebenfalls diesen Vornamen hatte, gebucht und hatte mich dann als Fotografin weiterempfohlen. Nun also stand die Traumhochzeit an der Costa del Sol an, für die es sich allein schon lohnte, dorthin zu reisen. Wir drei Farinas verstanden uns großartig und obwohl das oberste Gebot einer Fotografin ist, die Brautleute in den Mittelpunkt zu stellen und sich selbst so weit wie möglich zurückzunehmen, musste ich in mich hinein schmunzeln, wann immer der Name Farina in Zusammenhang mit der Braut fiel. Tatsächlich betrachtete ich diese verlängerten Wedding-Weekends inzwischen mit einem ganz neuen Blick, wenn ich besondere Momente beim Getting-Ready oder während der Zeremonie für die Ewigkeit festhielt. Durch meine neue Liebe war diese vage Vision, selbst eines gar nicht mehr so fernen Tages zu heiraten, plötzlich greifbar, zumal Sam und ich dann keine Probleme mit dem Visum mehr haben würden. Ich hatte eine traumhafte Zeit in Andalusien, wo sich alles so herrlich leicht anfühlte. Und das strahlte ich offenbar auch aus. Dort und auch bei anderen Gelegenheiten später wurde ich immer wieder darauf angesprochen, ob es einen bestimmten Grund gäbe, warum ich so glücklich wirkte.

Die andere Sache, die ich immer wieder gefragt wurde, war, wie ich eigentlich zu meinem Traumberuf gekommen wäre. Tatsächlich hatte ich nie vorgehabt, professionell zu fotografieren. Zwar wollte ich schon immer »irgendwas mit Medien« machen und bildete mir ein, einen Sinn für Visuelles und ein gutes Auge zu haben, weshalb ich Grafikdesign beziehungsweise Angewandte Medienwirtschaft mit dem Schwerpunkt Digital Design studiert hatte. Aber ich hatte damit nie ein bestimmtes Ziel verfolgt. Einer meiner Dozenten war es schließlich, dem ich meinen Karrierestart zu verdanken hatte. Denn er fand, ich hätte ein besonderes Talent in dem Fach Fotografie. Und so rutschte ich mehr und mehr dort hinein und gründete bald nach dem Studium mit meinem damaligen Freund, den ich über einen Kommilitonen in Berlin kennen- und später auch lieben gelernt hatte, unsere gemeinsame Firma *Mister & Misses Do*. Wir hatten durchaus Erfolg und das sogar sehr bald auch international. Und trotzdem war es nie meine Vision gewesen, eine erfolgreiche Fotografin zu werden. Zwar wünschten wir uns, vor allem mediterrane Hochzeiten zu shooten, weil die Vibes am Mittelmeer fantastische Arbeitsbedingungen boten. Vielmehr waren es aber meine Werte, die ich hochhielt und zu denen der Job einfach sehr gut passte. Freiheit und Flexibilität waren mir schon immer wichtiger als Struktur und Sicherheit.

Niemals hatte ich mir vorstellen können, irgendwo angestellt zu sein und einen Nine-to-five-Job zu machen. Ich liebte es, spontan zu sein, meiner Intuition und dem Flow zu folgen. So inspirierte mich meine Aufgeschlossenheit all den unterschiedlichen Menschen aus aller Herren Länder gegenüber dazu, mein Portfolio zu erweitern und mich mehr und mehr der Porträtfotografie zu widmen statt ausschließlich dem Fotografieren von Hochzeiten. Aber auch unfassbare Naturerlebnisse vor Traumkulissen wie eben in und um Kapstadt mit all den weiten hellen Stränden, den fantastischen Aussichten und erdenden Farben beflügelten mich und zogen mich immer mehr hinein in den Spirit von Südafrika.

Wenn es also eine Konstante in meinem Berufsleben gab, dann die, dass ich mich ständig weiterentwickelte. Ich war stets daran interessiert, Neues zu lernen, und freute mich daher unbändig auf die bevorstehende Safari – natürlich, weil ich Sam wiedersah, aber auch, um mich darin auszuprobieren, die mich stets aufs Neue begeisternde und berührende Natur festzuhalten und wilde Tiere zu fotografieren.

Man schützt nur, was man liebt – man liebt nur, was man kennt. An dieses Zitat des berühmten Nobelpreisträgers und Zoologen Konrad Lorenz musste ich denken, als ich zusammen mit Sam von Kapstadt aus unsere lang ersehnte Reise nach Johannesburg antrat, und das einmal mehr in einem Flugzeug. Wir wollten im Anschluss mit einem Mietwagen weiter bis nach Leobo, einem privaten Reservat für Wildtiere. Ich philosophierte zu gern mit

Sam über Themen wie Tierschutz und auch Nachhaltigkeit, stand ich doch mehr oder weniger im ständigen inneren Konflikt mit mir selbst, ob ich es vertreten konnte, so viel in der Luft unterwegs zu sein. Das schlechte Gewissen wegen der CO_2-Emission flog immer mit, und ich verfluchte all die bürokratischen Gegebenheiten, die Menschen dazu zwangen, etwa nach drei Monaten ein Land zu verlassen, das man aber gar nicht so schnell verlassen wollte.

Ich fragte mich, wie ich meine Fähigkeiten am besten einsetzen könnte, um die Welt auf meine Weise zu bereichern, und kam immer wieder zu der Antwort, dass ich ihre vielfältige Schönheit zeigen wollte – die Schönheit der Natur und der Menschen, der Tiere und der Pflanzen, die gerade auch aus ihrer Einzigartigkeit erwuchs. Ich war wahnsinnig aufgeregt, zumal wir uns viel vorgenommen hatten für diese besondere Zeit. Unter anderem sogar einen Fallschirmsprung, um ein weiteres Mal die Komfortzone zu verlassen und Erinnerungen besonderer Erlebnisse zu schaffen, die wir niemals vergessen würden.

Das Abenteuer begann schon auf der rund dreistündigen Autofahrt Richtung Norden auf sogenannten Gravel Roads, den roten, sandigen und endlos erscheinenden Wegen, die uns entlang einiger anderer Reservate führten und an denen immer wieder Esel, Pferde, Schafe oder Hunde einfach so herumliefen, die zu niemandem zu gehören schienen. Ich hatte bisher noch nicht viel von Südafrika gesehen, und es war magisch, die berühmte Weite des roten Kontinents das erste Mal hier – zusammen mit Sam – zu erleben.

Wann immer wir etwas entdeckten, das unsere Aufmerksamkeit weckte, zeigten wir es dem anderen oder drückten einander, von Happiness und Dankbarkeit erfüllt, die Hände. Wir konnten unser Glück kaum fassen, als wir inmitten eines Paradieses auf Erden unsere luxuriöse Lodge bezogen. Egal, in welche Richtung wir blickten, wir waren fasziniert von der Landschaft, den Farben und auch dem nächtlichen Himmel, der so voller Sterne war, so zahlreich und klar, wie ich es bisher nur aus der Wüste Namibias kannte. Wir befanden uns in einer scheinbar zeitlosen Abgeschiedenheit der Welt, die hier so unendlich weit weg schien.

Die Nichte des Betreibers dieses exotischen Resorts mit seiner gigantisch großen Anlage war jene Braut von dem Hochzeitspaar, das ich im Londoner Coworking Space kennengelernt hatte. Sie veranlasste, dass wir so viel wie möglich sehen und erleben konnten. Auch wurden wir mit fantastischsten Köstlichkeiten verwöhnt, sodass dieses große Abenteuer nicht traumhafter hätte sein können. Besonders die Plätze, von denen aus wir gefühlt bis zum Ende der Welt blicken konnten, lassen sich nicht mit Worten beschreiben. Ich kam mir die ganze Zeit vor wie eine Statistin in *Der König der Löwen*, obwohl wir leider gar keine zu Gesicht bekamen.

Dafür aber wurden wir auf unseren zahlreichen Trips durch die Savanne, die wir mit einem Jeep und einem Guide durchführten, mit der Begegnung mit einer Vielzahl anderer faszinierender Tiere belohnt: Rhinozerosse, die ihre Köpfe aus dem Wasser hielten; Tausende Gnus, die so heißen, weil ihre Laute genau so klingen; dicke Warzenschweine; kleine niedliche Antilopen und Affen, die sogar neugierig bis an unsere Terrasse kamen; und als unfassbar berührendes Highlight: Giraffen!

Der Ranger erklärte uns und den anderen Gästen unserer kleinen Gruppe sehr geduldig, was er alles wusste, und erzählte viele Anekdoten wie diese: »Stellt euch vor, ihr kennt alle normalen Tiere wie Pferde, Nashörner und so weiter, und dann würde euch jemand von Giraffen und Einhörnern erzählen. Giraffen sind so einzigartig, dass ihr wahrscheinlich eher an Einhörner glauben würdet, weil sie den anderen Tieren viel ähnlicher sind. Giraffen dagegen sind einfach magisch!« Ich gab ihm absolut recht und war hin und weg, als wir tatsächlich im nächsten Moment mitten in der Wildnis gleich vier Prachtexemplare auf einmal entdeckten.

Als wir uns vorsichtig näherten und ich vollkommen gebannt mit angehaltenem Atem erste Bilder machte, standen sie direkt vor uns und alle nebeneinander. Und als wir langsam um sie herumfuhren, waren sie hintereinander angeordnet, aber weil sie uns neugierig mit den Köpfen verfolgten, sah es so aus, als ob alle vier Köpfe plötzlich aus einem Körper kamen.

Jeden Tag gab es neue spannende Abenteuer und herzliche Begegnungen, sodass diese Reise jeden Cent wert gewesen war. Solch berührende Eindrücke hat man nicht oft im Leben, und so waren wir auch vollkommen versöhnt mit der Tatsache, dass wir den Fallschirmsprung in unserem übervollen und beeindruckenden Programm gar nicht mehr unter bekamen.

Auch als wir nach unserem traumhaften Trip für ein paar restliche Tage nach Kapstadt zurückkehrten, waren wir noch immer voller Energie und Pläne. All diese besonderen Erlebnisse und Eindrücke teilen zu können, schweißte uns als Paar noch mehr zusammen. Mehr und mehr fragte ich mich, wie es wäre, Deutschland womöglich für immer den Rücken zu kehren.

Auch stellten wir immer wieder gemeinsam kreative Überlegungen an, wie es längerfristig möglich wäre, uns etwas aufzubauen. Wir hatten viele tolle Ideen und waren uns auch einig, dass wir lieber früher als später heiraten würden, damit wir das

Visumproblem lösen und entweder ich in Südafrika oder Sam in Europa leben oder wir gemeinsam pendeln könnten.

Eines Abends nahmen wir uns sogar die Zeit, die *40 Questions to Ask Your Partner Before Marriage* zu beantworten – eine Art Spielerei, auf die wir im Netz gestoßen waren, die aber alle relevanten Fragen des Lebens stellt und durchaus in die Tiefe geht. Und ja, wir wollten beide mindestens zwei Kinder und diese am liebsten eines Tages in Australien oder Neuseeland großziehen. Zuvor wollten wir sehr bald dorthin reisen, um zu sehen, wo wir uns ein gemeinsames Leben vorstellen konnten. Wegen der teils gefährlichen Lebensbedingungen in Kapstadt war es nicht unüblich für junge Familien, nach Down Under auszuwandern.

All diese Überlegungen waren so konkret, dass wir es kaum erwarten konnten, in unsere verheißungsvolle Zukunft zu starten. Wir fixierten unsere Meilensteine sogar schriftlich, und jeder Tag, den wir in der kommenden Zeit wieder getrennt sein würden, erschien uns wie eine Ewigkeit, die es bestmöglich durch ständiges Kontakthalten durch Nachrichten und Videocalls zu überbrücken galt.

Dass Sam und ich in unterschiedlichen Welten lebten, zeigte sich nicht nur an der Sprache und den vielen Kilometern zwischen uns, sondern auch in unserem Berufsleben. Bevor er seinen neuen Job angetreten hatte, war es so viel einfacher, Zeitinseln zu zweit zu schaffen. Entgegen unserer Planung hatte er von seinem Chef nur zwei Wochen Auszeit genehmigt bekommen, um mich zu besuchen.

Natürlich bot dieser Schritt zurück in die Festanstellung Sicherheit, die Sam wegen unseres Wunsches nach einer baldigen Familiengründung als deutlichen Pluspunkt hervorhob. Mir blieb also keine andere Wahl, als sofort nach Kapstadt zurückzukehren, sobald ich im Oktober meine Jobs abgewickelt haben würde. Nun aber, wo er mich in Deutschland besuchte, war es gar nicht so einfach, all das in die 14 Tage zu packen, was ich mir für uns vorgenommen hatte. Es gab so viel zu bedenken und zu planen. Sam sollte so viel wie möglich von meinem engsten Umfeld mitbekommen und in mein ursprüngliches Leben eintauchen. Zuvor war er noch nie in Europa gewesen, und ich konnte es kaum erwarten, ihn endlich dazuhaben.

Am Abend vor Sams Ankunft war ich noch als Teilnehmerin zu einem Business-Talk auf einem Get-together von Hochzeitsplanern eingeladen. Zum Glück! Denn ich war wieder einmal so in Aufruhr wegen unseres Wiedersehens, dass mir jede Ablenkung mehr als willkommen war.

Direkt für den zweiten Tag hatte ich ein Picknick im Park mit meinen besten Freunden organisiert, damit er sie alle auf einmal kennenlernen konnte. Auch trafen wir uns mit der erweiterten Familie meines Vaters und besuchten meine Mutter, ihren Mann und ihren Hund Eddie, der Fluffy bis auf die Farbe unglaublich ähnelte. Trotz der Sprachbarrieren hatten sie damit zum Glück ein verbindendes Thema. Und natürlich betrieben wir ordentlich Sightseeing und besuchten das Reichstagsgebäude, das Brandenburger Tor und die Berliner Mauer.

Wir ließen sogar unser gemeinsames neues Hobby aufleben und joggten an der Spree entlang und durch den Grunewald, mittlerweile schon um die zehn Kilometer, und schafften es sogar, noch einen Abstecher in den Harz unterzubringen. Ich wollte Sam gern zeigen, wie abwechslungsreich mein Heimatland ist, auch wenn es mit Südafrika nicht wirklich mithalten kann. Aber wir waren zusammen – das war alles, was zählte!

Und es lag etwas sehr Besonderes in der Berliner Luft, das ich zwar längst geahnt, das aber bisher in meinem Leben immer zu abstrakt gewesen war: Am vorletzten Abend, als wir ein Barbecue auf der Dachterrasse meines Vaters vorbereiteten, hörte ich von der Küche aus, wie Sam ein Gespräch mit ihm begann. Ich hielt den Atem an und bekam sofort weiche Knie. Sam bat tatsächlich um den Segen, mich heiraten zu dürfen! Mein Papa willigte ein und erklärte, ihm sei wichtig, dass es seiner Tochter gut ginge und sie glücklich sei. Und wenn Sam derjenige sei, der das möglich mache, habe er natürlich nichts einzuwenden.

Die weiteren Wochen waren geprägt von tollen Ereignissen, die mich wie in einem Rausch immer weiter beflügelten. Ein echtes Highlight war im Juli das von Laura initiierte TeamLiebe-Festival in Oberlethe bei Oldenburg. Da ich bereits im Sommer zuvor als Fotografin vor Ort beim ersten Mal mit dabei gewesen war, wusste ich, wie schön und besonders die Atmosphäre während der drei Tage dort sein würde. Hunderte Leute kamen, um Vorträge zu hören, Workshops zu besuchen, Yoga zu machen, Lieder zu singen, zu tanzen oder einfach das Leben am Lagerfeuer zu feiern. Auch die Langhaarmädchen, die ihren ganz eigenen Traum von Freiheit erfolgreich wahr gemacht haben, brachten mit ihrem zauberhaften Bus einen superschönen Hippie-Spirit mit aufs Gelände. Überall war die Energie von Love and Peace zu spüren, ohne dass es irgendwelche bewusstseinserweiternde Drogen dafür gebraucht hätte.

Zum krönenden Abschluss meines überaus erfolgreichen Sommers ging es nach Mallorca zu einem Business-Retreat. Ich war auch dort vollkommen in meinem Element, denn ich liebte diese abwechslungsreichen Seiten meines Jobs so sehr, vor allem, wenn ich neuen Menschen begegnen und neue Orte erkunden durfte.

Ein weiterer Meilenstein meiner Karriere als Fotografin war das Treffen mit einem Verlag für eine längerfristige Zusammenarbeit: Ich wurde angefragt, die Coverstrecken für ein neues spirituelles Magazin zu fotografieren. Und zwar nicht irgendein Magazin, sondern das meiner lieben Freundin Laura Malina Seiler! *I AM* wurde ein voller Erfolg und war auch für mich eine tolle Referenz, auf die noch viele weitere Cover für andere Magazine, Bücher und Podcasts folgen sollten

REFLEXION

Samuels Besuch war eine große Sache für mich. Bislang hatten wir uns ausschließlich in seinem Leben bewegt. Die Zeit in Deutschland, auf die ich mich so gefreut hatte, verlief aber leider etwas anders, als ich gehofft hatte.

Ja, wir trafen einige meiner engsten Freunde und meine Familie, und auch das Gespräch zwischen ihm und meinem Papa hatte ich mitbekommen. Doch irgendetwas fühlte sich nicht stimmig an, ohne dass ich sagen konnte, was es war. Es kam mir schon damals so vor, als würde Samuel nicht so ganz in meine Familie, meinen Freundeskreis und mein Leben passen. Entweder, weil er es nicht wollte, vielleicht aufgrund der Sprachbarriere, der kurzen Zeit, oder weil wir vielleicht doch viel zu verschieden waren. Jedenfalls machte es mich trotz aller Verliebtheit irgendwie traurig, dass sich keine echte Unterhaltung entwickelte, nicht einmal zwischen Sam und einem meiner besten Freunde Soufian, obwohl sie sich beide gleichermaßen für Psychologie und Persönlichkeitsentwicklung begeisterten.

Womöglich hatte ich aber auch zu viel in diese zwei Wochen zu packen versucht und ihn damit vollkommen überfordert. Oder wir hatten unbewusst unterschiedliche Erwartungen an die gemeinsame Zeit in Deutschland, die auf beiden Seiten nicht erfüllt wurden, weshalb wir innerlich angespannt und nicht wir selbst waren. Jedenfalls war er in diesem Zeitraum nicht so locker, lustig und entspannt, wie ich ihn in Südafrika kennengelernt hatte. Und ich war auch nicht in meiner Mitte, weil wir gefühlt nur die wichtigsten Punkte auf der To-do-Liste abgehakt hatten. Meinen Alltag kennenlernen konnte er so nicht. Wie auch – in einer so kurzen Zeit, die ich mir natürlich für ihn und all unsere Vorhaben freigehalten hatte. Am meisten blühte ich jedoch auf, wenn ich meiner Passion als Fotografin nachgehen konnte und immer wieder neue Menschen kennenlernen durfte. Diesen Teil meines Lebens würde er so jedoch nie kennenlernen.

Genauso schnell wie die Zeit, verflogen aber auch diese leisen Gedanken, und so waren wir uns mit 13 000 Kilometern Distanz plötzlich doch wieder viel näher als während seines Besuches.

Mit dem zeitlichen und emotionalen Abstand sehe ich heute auch hier sehr viel klarer. Auch wenn die erwähnten Rahmenbedingungen für Samuels Deutschland-Besuch nicht optimal waren und ich meinen Anteil daran nicht abstreiten möchte, weiß ich inzwischen, dass es auch andere Gründe hatte, warum er sich nicht wirklich integrieren wollte.

Ein weiteres Merkmal toxischen Verhaltens in einer Beziehung ist, die Stärken und Talente des Partners oder der Partnerin zu Beginn – in der Idealisierungsphase – zu feiern, zumal man sich darin sonnen oder dadurch aufwerten kann. Ab einem gewissen Punkt aber verkehrt sich die Bewunderung ins Gegenteil, etwa dann, wenn man selbst neidisch ist oder nicht mithalten kann oder aber, um die so dringend gewollte Kontrolle zu behalten. Dann werden beispielsweise Feste sabotiert oder Erfolge kleingeredet – vielleicht nicht in einer Weise, die als bösartig erkennbar ist, was aber so stetig und subtil geschieht, dass der oder die andere sich quasi genötigt fühlt, sich zurückzunehmen und die Person mit dem größeren Bedürfnis nach Aufmerksamkeit in den Mittelpunkt zu stellen.

Das mag nach einem fiesen Menschen klingen. Hinter diesem Verhalten jedoch steckt im Grunde eine verlorene Seele, die Angst hat, verlassen zu werden. Denn wenn einer der beiden auch außerhalb der Beziehung sein Glück findet, zum Beispiel durch Erfüllung im Job oder in Freundschaften, fühlt er sich letztlich bedroht.

10 AND SO IT BEGINS

Im Oktober war es endlich so weit: Ich hatte das erste Cover-Shooting erfolgreich hinter mich gebracht, mein finanzielles Polster aufgefüllt und mehrere Anfragen für potenzielle Aufträge aufgrund von Empfehlungen erhalten, sodass ich guten Gewissens und mit frischem Visum zu meinem Liebsten aufbrechen konnte.

Vor einer Abreise für einen Aufenthalt von mehreren Wochen oder nun sogar mehreren Monaten gab es natürlich jede Menge zu bedenken und zu organisieren. Hätte ich Deutschland nur wegen des milderen Klimas mal wieder Lebewohl gesagt, wäre es nicht auf eine Woche früher oder später angekommen. Doch dieses Mal flog ich vor allem wegen Sam. Er hatte mir am Telefon immer wieder gesagt, dass er keinen einzigen Tag mehr warten könne, und ich wollte ihm zeigen, dass ich das ernst nahm. Auch für mich zählte jeder Tag, der uns diese quälende Sehnsucht ersparte.

Ich hatte den frühestmöglichen Flug nach all meinen arbeitsreichen Jobs gebucht und stand entsprechend stark unter Druck, um ja alles rechtzeitig zu packen und natürlich, um mich persönlich von meinen Lieblingsmenschen zu verabschieden, die ich in diesem Jahr nicht mehr sehen würde. Es war ein merkwürdiges Gefühl, einerseits ohne feste Bleibe ins Nichts zu starten – die Berliner Wohnung hatte ich inzwischen ganz meinem Mitbewohner überlassen. Andererseits lag ein Weg vor mir, der zwar neu war, aber doch mit viel Sicherheit und Vertrauen einen beruhigenden und verheißungsvollen Blick in die Zukunft möglich machte. Für

Sam und mich stand fest, dass wir über kurz oder lang zusammenleben würden. Und auch wenn es noch etwas ungewohnt war: Wir planten schließlich, im kommenden Jahr zu heiraten!

Wie zum Beweis, dass dies der richtige Schritt war, hatte uns das Schicksal einmal mehr unter die Arme gegriffen. Denn Sams Mitbewohner Betho war inzwischen anderswo untergekommen, wie Sam mir vielsagend, aber ohne große Worte mitgeteilt hatte. Alles schien sich also weiterhin wie auf magische Weise, nämlich ganz von selbst, für uns zu fügen. Dazu hatte ich noch eine große Überraschung für Sam – als eine Art romantisches Wiedersehensgeschenk: Ich hatte die Zeit ohne ihn intensiv genutzt, um ein Stück weit mehr in seine Welt einzutauchen und seine Sprache zu lernen. Zwar war ich weit davon entfernt, flüssig Afrikaans sprechen zu können, auch wenn diese Sprache nicht so schwierig wie Deutsch und bekanntlich dem Niederländisch recht ähnlich ist. Aber ich konnte bereits einiges verstehen und durch einen kompakten Audiokurs meine Grammatikkenntnisse und mein Vokabular deutlich verbessern.

Zum neunten Mal also ging es nun wieder ans schöne südliche Ende der Welt. Ich freute mich so sehr darauf, dieses Mal von Sam am Flughafen abgeholt zu werden, und ließ es mir nicht nehmen, ihn trotzdem wieder zu überraschen und meiner Wiedersehensfreude direkt Ausdruck zu verleihen, indem ich zur Begrüßung nach einer stürmischen Umarmung und Küssen sagte: »Ek is so bly om jou te sien, ek kon nie langer wag nie!« – Ich freue mich so sehr, dich zu sehen, ich konnte es kaum erwarten!

Sam freute sich doppelt und sogar dreifach, als wir in meiner WG ankamen und das Universum durch den nächsten Serendipity-Act zu zeigen schien, dass wir nicht nur den Rest unseres Lebens miteinander verbringen sollten, sondern dass der Rest unseres Lebens, frei nach Harry Burns in *Harry & Sally*, auch sofort beginnen sollte. Meine Mitbewohnerin eröffnete mir, dass wir bis zum nächsten Monat eine neue Bleibe finden müssten. Die Vermieter hätten Eigenbedarf angemeldet und herzlich darum gebeten, dass wir uns etwas anderes suchten.

Ich brauchte ein paar Tage und teils schlafarme Nächte, um mich darauf einzustellen, und war mir unsicher, ob es sinnvoll wäre, etwas Neues in Kapstadt zu suchen. Ich liebte diese Stadt, und ich liebte meinen Freiraum. Andererseits aber liebte ich es ja genauso, im Flow zu leben und aus vollem Herzen Ja zu sagen, zu allem, was mir neue Erfahrungen und die Möglichkeit zum Wachsen versprach. Ich stimmte Sams Vorschlag nach reiflicher Überlegung zu – nämlich, sofort bei ihm einzuziehen. Abgesehen davon, dass sein Haus so weit außerhalb lag, fiel mir kein vernünftiger Grund ein, Sams schmeichelhaftes Angebot nicht anzunehmen, zumal er auch darauf bestand, dass ich keine Miete zahlen würde. Wir waren schließlich entschlossen, zu heiraten und eine Familie zu gründen. Würde es irgendeinen Grund geben, der unserem Glück entgegenstand, so würde ich doch lieber so schnell wie möglich herausfinden wollen, ob es einen gab oder nicht.

Ein Teil meiner Sachen war sowieso schon in Sams Haus untergebracht. Und meine restlichen Habseligkeiten holten wir gleich am ersten Wochenende, sodass wir ab sofort Tisch und Bett teilten und auch Sams Auto, mit dem ich in die Stadt fahren oder einfach einkaufen konnte, sofern er es nicht brauchte.

Trotz all dieser Vorzüge und romantischen Begleitumstände war dieser Schritt ein ziemlich großer für mich. Noch nie hatte ich so weit ab von allem gewohnt, was mir immer ein Gefühl von zu Hause gegeben hatte – der urbane Lifestyle, die Nähe zu Freunden, meine Lieblingsspots in den Bergen oder am Meer … Mein Zuhause war von nun an Sam. Im ersten alltäglichen Miteinander in Bezug auf den gemeinsamen Haushalt kamen wir zunächst gut klar. Ich fand es zuvor schon toll, dass Sam handwerklich so begabt war und für vieles eine pragmatische Lösung fand. Ich hingegen probierte mich in seiner modernen Küche mit Leidenschaft aus und zauberte uns

Smoothie-Leckereien und andere gesunde Snacks wie Salate und Bowls. An anderen Tagen kochten wir gemeinsam oder nahmen uns Zeit, um uns in unserem Lieblingskartenspiel Dominion strategisch zu messen. Wir gingen weiterhin zusammen joggen. Und weil der Frühling begonnen hatte, nutzten wir den kleinen Pool im Garten und kamen uns dank Fluffy schon beinahe wie eine richtige Familie vor.

Wenn es aber um andere Dinge ging, sah das schon anders aus. Seit meinem Einzug häuften sich kleinere und größere Irritationen und Streits, wie wohl bei jedem anderen Paar auch, bei dem sich die hormonell bedingte Glückseligkeit allmählich auf ein normales Maß einpendelt und der Blick durch die rosarote Brille wieder etwas klarer wird. Doch irgendetwas Entscheidendes war plötzlich anders. Anders als noch im Juni und in all der Zeit davor …

Eines Nachts schreckte ich aus dem Schlaf hoch, denn ich spürte Sams Hand auf meinem Mund! Entsetzt sah ich ihn an. Im scharfen Ton sagte er: »Du musst durch die Nase atmen!« Ich war schockiert.

Es stimmte, ich hatte oft Probleme mit der Atmung nach langen Flügen, auch noch Tage danach, oder wenn ich mich erst wieder an den Betrieb von Klimaanlagen gewöhnen musste. Die Schleimhaut meiner Nase war geschwollen, sodass ich keine Luft bekam und es gut möglich war, dass ich Schlafgeräusche machte. Doch die Art und Weise, wie Sam zum Ausdruck brachte, wie genervt er davon war, verletzte mich sehr.

Als ich uns an einem Mittag etwas Schönes kochen wollte, Sam es aber eilig hatte, riss er mir ungeduldig den Topf aus der Hand, stellte ihn auf eine andere Herdplatte und begann, mich herumzukommandieren.

Wenn ich versuchte, ihm deutlich zu machen, wie wenig liebevoll er sich verhielt, wich er mir aus. So auffallend deutlich, dass ich trotz der allerersten Anfangseuphorie unseres Zusammenlebens zutiefst enttäuscht und erschüttert war. So passte es auch ins Bild, dass wir noch keinen Willkommenssex gehabt hatten wie sonst immer nach unseren Auszeiten. Ich hatte Himmel und Hölle in Bewegung gesetzt, um so schnell wie möglich zu ihm zurückzukommen. Doch er hatte direkt am folgenden Samstag mit seinem Freund vereinbart, zu einem Marketing-Vortrag zu gehen, ohne mich zu fragen, ob ich mitkommen wolle. Dabei lag es eigentlich auf der Hand, dass mich das Thema genauso angesprochen hätte.

Am nächsten Tag versuchte ich, mich mit liegen gebliebener Arbeit abzulenken und war mit der Auswahl, Bearbeitung und Verwaltung von Fotos beschäftigt. Weil ich so viel Routine darin hatte und mir schnell langweilig wurde, wenn ich so lange am Schreibtisch saß, hatte ich mir angewöhnt, nebenbei Serien zu gucken oder Podcasts oder Hörbücher zu hören. Meine Kopfhörer funktionierten allerdings nicht mehr, weswegen Sam zwangsläufig mitgehört haben musste, obwohl er sich nebenan in der offenen Wohnküche aufhielt. Wie aus dem Nichts fuhr er mich an, ich solle gefälligst Rücksicht nehmen. Ich war so perplex, dass ich kaum atmen oder sprechen konnte. Zumal er selbst den Fernseher häufig auf voller Lautstärke hatte, während ich nebenan arbeitete.

Spätestens jetzt wurde mir schmerzhaft klar, es musste etwas passiert sein, während ich weg gewesen war. Der Mensch, in den ich mich verliebt hatte und mit dem ich mir ein gemeinsames Leben hatte aufbauen wollen, schien wie ausgewechselt. Mir schien es fast so, als sei er unentwegt auf der Suche nach Fehlern bei mir, um sicherzustellen, dass er die richtige Wahl getroffen hatte. In meiner großen Verwirrung und Überforderung wusste ich mir nicht anders zu helfen, als mich bei meiner Mama und Julie auszuheulen und mit ihnen über Sams Veränderung zu sprechen. Beide rieten mir das, was ich natürlich auch wusste. Es war alternativlos, dass Sam und ich uns aussprechen mussten, um nicht den Respekt voreinander zu verlieren und grundlegende Dinge im alltäglichen Umgang miteinander zu klären.

REFLEXION

Der Kontrast war stark, wenn man bedenkt, dass in meiner Zeit in Europa meine Karriere mit jedem Event, mit jedem Fotoshoot und mit jeder Reise steil aufwärtsgegangen war. Ich hatte so viele schöne Begegnungen, dass ich gar nicht anders konnte, als mich extrem glücklich und dankbar zu schätzen. Umso schockierter war ich, dass ich mit einem Mal alles andere als happy war. Eher im Gegenteil. Ich fühlte mich nicht willkommen und nicht mehr respektiert. Da dies nicht mein Normalzustand war, grübelte ich viel, um die Ursache herauszufinden. Da es aber so viele Veränderungen auf einmal gab, konnte ich nicht zuordnen, was der eigentliche Grund für meine Unzufriedenheit war.

Ich war in den letzten Wochen ununterbrochen unterwegs gewesen, und plötzlich war ich an einem Ort gelandet, an dem es mir nicht gut ging, weil die Interaktion mit Samuel mit einem Mal nicht mehr auf Augenhöhe war.

Ich versuchte mich zunächst darin, Akzeptanz zu üben. Vielleicht hatten wir wie bei seinem Besuch in Deutschland einfach andere Erwartungen an unser Wiedersehen. Zudem hatten wir eindeutig unterschiedliche Wege, mit Veränderungen oder mit stressigen Phasen und Konflikten umzugehen.

Nach der ersten Woche gab es endlich einen Moment, in dem wir gemeinsam im Garten saßen und uns in Ruhe aussprechen konnten. Er erklärte, dass er einfach alles so gut wie möglich für unser gemeinsames Leben vorbereiten wolle und wie wichtig es für ihn sei, dass alles funktioniere – auch zwischen uns. Dabei war es ihm besonders wichtig, potenzielle Probleme so früh wie möglich aufzudecken, um sie zu vermeiden. Doch wer Probleme sucht, findet auch welche. Zudem gebe es noch so viele Dinge, die er machen wolle, dass er ein wenig abgedriftet sei und einfach sein Programm heruntergespult habe. Es tue ihm leid, dass ich mich nicht willkommen fühlte und dass dies nicht seine Absicht sei, was ich selbstverständlich nicht anzweifelte. Dennoch war es eine Erleichterung, einmal drüber gesprochen zu haben, um uns wieder etwas näherzukommen.

Im nächsten Moment fragte er mich plötzlich, ob es okay für mich sei, wenn er jetzt einen Joint rauchen würde. Ich erklärte, dass ich mich schon damit abfinden würde und er mich nicht um Erlaubnis zu fragen brauche. Und plötzlich befanden wir uns direkt im nächsten Streitthema ...

11 ANFANG VOM ENDE

Nach dem anfänglichen Schock über Sams Veränderung war ich total froh, dass wir in unserem Gespräch wieder zueinandergefunden hatten. Natürlich gab es trotzdem manchmal sprachlich bedingte Missverständnisse und einige Dinge, die ich mir etwas anders wünschte, wie zum Beispiel, dass wir weniger verarbeitete oder fetthaltige Lebensmittel oder Fleischprodukte im Kühlschrank horteten, weil sich das nicht mit meinen Vorstellungen von einem gesunden Lebensstil und Tierwohl vereinbaren ließ. Und logischerweise hatte auch Sam seine Vorlieben und Abneigungen, wenn ich in seinen Augen Unsummen für frisches Obst und Gemüse ausgab oder Dinge, wie einen Seifenspender, den ich einfach schön fand.

Unterm Strich verbuchte ich aber auch das unter Startschwierigkeiten und typische Differenzen in unseren Gewohnheiten. Ich wollte unbedingt, dass es zwischen uns wieder so harmonisch war wie vorher, und ich bin ohnehin kein streitsüchtiger oder empfindlicher Mensch. Im Gegenteil musste ich mir aber von Sam mitunter vorwerfen lassen, dass ich Konfrontationen aus dem Weg ginge. Wenn er eines wirklich nicht ausstehen könne, wäre es das Gefühl, ignoriert oder missachtet zu werden. Ich bildete mir ein, das keinesfalls zu tun, sondern behutsam auf seine Bedürfnisse und Wünsche einzugehen. Vielmehr sah ich unsere Unterschiedlichkeit zudem als Einladung, daran wachsen zu dürfen, indem ich mich weiter darin üben konnte, nicht zu verurteilen, und schon gar nicht, mit dem Finger auf ihn zu zeigen.

Allerdings waren wir eben auch unterschiedlich in genau dieser Betrachtungsweise. Während Sam sich nicht dabei gesehen fühlte, wenn er beim Einkaufen die Haushaltsausgaben kleinhielt, respektierte ich es auf meine Weise, nämlich, indem ich meine Haltung gegenüber abgepackter Billigwurst für mich behielt, statt ihn von meiner Meinung überzeugen zu wollen. Und so gab es zwischen all den schönen Momenten immer wieder Anlässe, bei denen eine gewisse Grundspannung in der Luft lag, weil Sam meinerseits passive Aggression witterte, während ich bloß mit mir beschäftigt war und damit, wie ich mehr Toleranz und Akzeptanz leben konnte, um meinen Partner nicht verändern zu wollen und ihm seinen Freiraum zu lassen.

An Tagen, an denen Sam zu Hause arbeitete, statt in die Redaktion zu fahren, ging ich des Öfteren allein in ein kleines Café im Ort, um Dinge, die liegen geblieben waren, am Laptop zu erledigen. Zunächst hinterfragte ich das gar nicht bewusst. Als Sam jedoch wissen wollte, warum ich nicht weiterhin unseren Schreibtisch oder den Tresen in der Küche nutzte, um Mails und Rechnungen zu schreiben, erwischte ich mich bei dem Gedanken, dass ich mich im Haus gar nicht so wohlfühlte, wie ich immer gedacht und auch gehofft hatte.

Vermutlich waren wir beide bei Sams Einzug noch so voller Euphorie gewesen, alles herzurichten, dass womöglich etwas aus dem Fokus gerückt war, wie unterschiedlich unser Einrichtungsstil und Geschmack in vielerlei Hinsicht waren. Er hatte zwar meine Vorschläge für Wandfarben und Vorhänge nicht angenommen, aber ich hatte zumindest ganz klischeehaft in der Rolle der Nestbauerin beim Aussuchen von Pflanzen, Bildern und anderen Accessoires geholfen. Durch die alten Möbel und andere in die Jahre gekommenen Einrichtungsgegenstände verströmte alles den Charme einer typischen Männer-WG, sodass ich mich auch nach den ersten Wochen immer noch bloß als Besucherin fühlte. Und dies umso mehr, als dass häufig Leute auftauchten, obwohl ich gar nichts davon wusste – angefangen von Sams Kumpel wie Jason bis hin zum Gärtner oder Fensterputzer, die Sams Vater vorbeischickte, und natürlich auch sein Vater selbst, den ich durchaus gernhatte, der aber grundsätzlich unangemeldet kam oder den Hund zum Gassigehen abholte. Einzig Betho ließ sich nicht mehr blicken, was mich wunderte. Als ich Sam darauf ansprach, reagierte er einsilbig. Erst auf weitere Nachfrage rückte er damit raus, dass sie im Streit auseinandergegangen seien und keinen Kontakt mehr hätten. Ich war darüber sehr erschrocken, denn bislang hatte Sam nichts davon erwähnt. Ich erfuhr zwar nicht, was genau vorgefallen war, doch Sam fand, dass Betho sich bei ihm entschuldigen solle. Und solange er genau dies nicht tat, war er auch nicht willkommen.

Und auch zwischen Samuel und mir häuften sich die Auseinandersetzungen, insbesondere zum Thema Marihuana. Zuvor hatte ich ihn nur ein einziges Mal auf einer Party einen Joint rauchen sehen und war intuitiv auf Abstand gegangen, weil ich einfach nichts für Drogen übrighatte, wie er längst wusste. Genau das war offenbar auch der Grund, warum Sam bis zu unserer Aussprache vor mir geheim gehalten hatte, dass er durchaus häufiger kiffte. Ich behauptete nicht, dass es mir gleichgültig war, ihn so dasitzen zu sehen in Egalhaltung, mit diesen kleinen, roten Augen. Aber es war allein seine Angelegenheit, wie ich fand.

Doch Sam bat mich wieder um Erlaubnis und jedes weitere Mal, wann immer er einen Joint rauchen wollte. Dabei widerstrebte es mir zutiefst, ihm Vorschriften machen zu sollen, was irgendwann zu unerträglichen Diskussionen führte.

»Wäre es okay für dich, wenn ich jetzt etwas Gras rauche?«

»Mhm, ich weiß nicht …«

»Ich hab' echt Lust drauf, aber möchte die schöne Stimmung nicht ruinieren. Also will ich nur wissen, ob es dir was ausmacht.«

»Na ja, ich will dich nicht davon abhalten. Es ist dein Ding, ich werde mich schon daran gewöhnen.«

»Aber ich will es nicht, wenn du dich darüber aufregst. Also wäre es toll, wenn du mir dein Okay gibst!«

»Wenn du mir die Entscheidung überlässt, dann würde ich sagen, lieber nicht. Aber ich möchte das eigentlich gar nicht für dich entscheiden.«

»Aber ich wäre bereit, aufzuhören, wenn es dich wirklich stört.«

Es schaukelte sich immer weiter hoch, bis ich mich in die Ecke gedrängt fühlte und entsprechend aufgebracht insistierte: »Bitte frag mich einfach nicht nach meiner Erlaubnis, wenn du etwas willst, das du für richtig hältst. Wenn ich ein Problem damit habe, ist das mein Thema, nicht deins!«

Sam widersprach mir, es sei schließlich unser beider Problem, denn wenn ich eines damit hätte, dann sei es letztendlich auch seins, womit er vermutlich recht hatte und was ich für sich genommen auch hätte liebenswert finden können, wenn er mir nur den Raum und die Zeit gegeben hätte, eine entspannte Haltung einnehmen zu können. Doch je häufiger und vehementer er mich mit Argumenten überhäufte, desto mehr fühlte ich mich zu einer Gegenreaktion provoziert, die auf eine höchst unangenehme Weise, meine unschönsten Seiten zum Vorschein brachte, von denen ich nicht einmal gewusst hatte, dass es sie gab. Es machte mich hilflos und wütend, ständig alles ausdiskutieren zu müssen.

Sam befeuerte mich wiederkehrend mit – aus seiner Sicht – objektiven Fakten. Aus meiner Sicht versuchte er, mir einen Spiegel vorzuhalten, in den ich nur etwas genauer hineinsehen müsste, um zu erkennen, dass ich mit meiner Perspektive und Wahrnehmung komplett falsch lag. Er war der Meinung, dass ich mein ganzes Leben lang einer Gehirnwäsche unterzogen worden war und daher pauschal alles ablehnte, was mit Drogen zu tun hatte, weil sie rein negativ seien. Wenn ich etwas offener wäre, auch für neue Erfahrungen, ohne vorgefertigte Meinung oder gar Verurteilung, dann wäre das Thema nicht so belastend für uns als Paar, womit bewiesen wäre, dass ich Schuld an den Auseinandersetzungen hatte.

Das war hart für mich. Denn kaum etwas befremdete mich mehr als Engstirnigkeit und Intoleranz. Ich fand mich ja selbst relativ verklemmt in unseren Gesprächen. Doch so, wie Sam wiederum über mich urteilte, fühlte ich mich gleichermaßen nicht gesehen oder gar verkannt. Ich hatte mir durchaus sehr bewusst eine Haltung zum Thema Drogen und Alkohol gebildet. In Sams Augen war diese Haltung bedeutungslos, da ich sie nicht mit wissenschaftlichen Fakten und nachvollziehbaren Argumenten untermauerte.

Für mich hingegen stellte es einen sehr wichtigen Wert dar, nicht nur anderen, sondern auch sich selbst gegenüber aufrichtig und ehrlich zu sein und genau hinzusehen, wenn man Gefahr läuft, etwas zu verdrängen, ganz gleich womit. Für die einen waren es Serien oder Shoppen und für die anderen eben Gras oder Pillen. Und natürlich konnte ich die Gründe nachvollziehen, warum Sam kiffte, nämlich, um runterzukommen, wie er es nannte, und vollständig zu entspannen, was auch weiteren Anfällen vorbeuge. Das wäre an sich auch total okay gewesen.

Ich fragte mich jedoch, ob er vielleicht abhängig war oder das Gras zumindest dringender brauchte, als er womöglich sich selbst oder mir gegenüber eingestand. Jedenfalls konnte ich mir einfach nicht erklären, warum es für ihn so ein großes Thema war und er meine Absolution dafür brauchte. Ich war mir unsicher, wie ich damit umgehen sollte, denn als wir im Juni aufrichtig über die *Marriage*-Fragen gesprochen hatten, waren uns beiden gegenseitige Offenheit und ein ehrlicher Umgang miteinander extrem wichtig erschienen, erst recht, wenn es etwas gab, das aus unserer jeweiligen Wahrnehmung heraus wert wäre, daran zu arbeiten, insbesondere als zukünftige Eltern.

Ich musste also immer wieder abwägen, wann es angebracht war, meine Gedanken zu äußern, und wann nicht. Am liebsten wäre ich für meinen Wert eingestanden, auch bei diesem Thema bei der Wahrheit bleiben zu wollen und Sam zu erklären, wie wichtig es mir war, sich nichts vorzumachen, sondern stetig an sich zu arbeiten; sich in Selbstliebe zu üben, in gesunden Beziehungen, auch zum eigenen Körper, und dass für mich dazu gehöre, achtsam mit Druck im Alltag umzugehen, aber auch mit Verletzungen der Vergangenheit, um sie in Heilung zu transformieren, statt sie zu verdrängen.

Wenn ich jedoch versuchte, zaghaft etwas in diese Richtung anzudeuten, in der Hoffnung, uns vielleicht irgendwo in der Mitte zu treffen, drehte er den Spieß um und fragte mich, wie bewusst ich denn in mich hinein spüren würde, wo ich doch stets bloß geführte Meditationen wie die von Laura hörte, wohingegen seine Art zu meditieren, nämlich still, die einzig richtige sei.

Ein anderes Thema bei den *Marriage*-Fragen war Intimität beziehungsweise das Abwägen, was man mit dem Partner und was man mit Freunden besprach. Schon damals waren wir uneins darüber gewesen. Denn Sam fand, man solle insbesondere Beziehungsprobleme innerhalb der Partnerschaft belassen und allein dort klären. Ich hingegen empfand es als überaus wertvoll, vertrauenswürdige Freunde zu haben, die mir meine blinden Flecken aufzeigten, wenn ich nicht klarsah, oder die mich bestärkten, wenn ich es mit Herausforderungen zu tun hatte, die vielleicht auch das Liebesleben betrafen. Und die Art, wie Sam und ich uns inzwischen im Kreis drehten und uns in zermürbenden Auseinandersetzungen verfingen, war leider für mich definitiv herausfordernd. Ich wusste einfach nicht mehr, was ich tun konnte, um diesem Dilemma zu entkommen, und entzog mich lieber an einem Punkt in der Diskussion, die schnell im richtigen Streit endete.

Doch auch dieses Verhalten legte Sam mir als Schwäche aus. So vehement, dass ich nachts wach lag und mich permanent hinterfragte, welche Fehler ich machte. Wieder und wieder ging ich im Kopf durch, wo wir falsch abgebogen waren und was ich tun könnte, damit ich bei mir blieb, statt mich zu Äußerungen und Verhaltensweisen nötigen zu lassen, in denen ich mich eigentlich gar nicht wiedererkannte und mit denen ich mich auch nicht wohlfühlte.

Ich brauchte dringend den Austausch mit Menschen, die mich verstanden, um mich wieder näher bei mir selbst und stärker zu fühlen, als ich es in Konfrontation mit Sam inzwischen geworden war. Zum Glück hatte mein Freund Soufian immer ein offenes Ohr für mich. In meiner Verzweiflung rief ich ihn an und bat ihn um Rat, was ich an mir und meinem Verhalten verbessern konnte, damit Sam und ich diese Kluft zwischen Verliebtheit und Liebe schließen und eine sichere Basis für uns schaffen konnten mit der gebotenen Wertschätzung und Rücksichtnahme auf Augenhöhe.

Das, was Soufian mir entgegnete, verblüffte mich. Er war eigentlich nicht der Typ, der ungefiltert seine Meinung raushaute, sondern argumentierte immer mit Bedacht und aus einer möglichst objektiven Metaperspektive. Umso hellhöriger war ich, als er recht deutlich sagte: »Das bist doch gar nicht du, Farina!«

Ich kämpfte mit den Tränen. Er sprach das aus, was ich so tief in mir fühlte, und bestätigte mir gleichermaßen, wie ungewöhnlich durcheinander ich klang und auch total frustriert und unsicher, wie es doch sonst nicht meine Art war. Und er hatte recht. Noch nie zuvor in einer Beziehung hatte ich so viel gegrübelt und wieder und wieder abgewogen, ob ich womöglich falsch lag mit meiner Haltung oder zumindest nicht offen genug war.

Soufian tröstete mich und redete mir gut zu, dass es nicht nur okay, sondern wichtig sei, für meine Werte einzustehen, einschließlich der Harmonie und Akzeptanz. Ich war erleichtert über diesen Zuspruch, und auch wenn ich keinen direkten Ausweg aus dieser verfahrenen Lage sah, schöpfte ich neue Hoffnung, einen Weg zu finden, bei dem wir beide wir selbst sein konnten, ohne zu streiten. Allerdings sagte Soufian zum Ende unseres Gesprächs noch etwas, das lange nachwirkte und an das ich in den folgenden Wochen leider immer wieder denken musste: »Mal angenommen, mit dir stimmt wirklich etwas nicht, was bringt es denn eurer Beziehung, wenn er immer so drauf rumhackt?«

REFLEXION

Im Rückblick erscheinen mir die Auseinandersetzungen mit Samuel deswegen so niederschmetternd, weil sie sich wie in einer Spirale immer weiter und weiter drehten. Ich kam mir manchmal vor, wie einem Tornado ausgesetzt, der wie aus dem Nichts über mich hereinbrach, und das, obwohl es zuvor vollkommen windstill gewesen war, und danach ebenfalls – so, als wäre nie irgendetwas vorgefallen.

So gab es zum Beispiel eine Situation, in der wir es tatsächlich geschafft hatten, unsere Misskommunikation vollkommen aufzuschlüsseln und zum Kern zu kommen. Es fühlte sich oft an, als würde ich auf Eierschalen laufen und genau aufpassen müssen, wie ich meine Sätze formulierte. Doch in diesem Fall gab mir die Annahme wieder Hoffnung, dass wir uns bloß im Zusammenleben erst einmal eingrooven müssten und es eben nur eine schwierige Phase sei, in der wir uns noch mal neu kennenlernen durften, was früher oder später vermutlich jedes Paar ereilt, das zusammenzieht.

Doch mit dem Marihuana-Thema sah es etwas anders aus. Es hatte sich so aufgeschaukelt, dass ich irgendwann automatisch eine Gegenhaltung einnahm. Drogen hatten bisher in meinem Leben keine Rolle gespielt, weder im positiven noch im negativen Sinne. Ich war schlichtweg nicht daran interessiert. Mit meinem Einzug in Samuels Haus wurde ich jedoch so abrupt damit konfrontiert, weil er von mir eine sofortige Haltungsänderung einforderte. Und so war es nicht das Thema an sich, das meine ablehnende Haltung hervorbrachte – vielmehr war es die Art, wie er mich drängte, seine Meinung ohne Widerspruch zu übernehmen.

Mir saß mit einem Mal ein völlig fremd wirkender Mensch gegenüber, den ich gar nicht wiedererkannte. Ein Mensch, der mir keinen Raum ließ, meine eigene Meinung zu entwickeln. Das allein weckte die Rebellin in mir. Ich brauchte Zeit, um mich mit neuen Themen auseinanderzusetzen und meine eigene Perspektive zu finden, und setzte mich daher gezwungenermaßen intensiv damit auseinander. Doch der Druck, den Samuel auf mich ausübte, führte eher dazu, dass meine natürliche Skepsis geschürt wurde. Und was mich noch misstrauischer machte, war die Tatsache, dass er es geschafft hatte, mir gegenüber ein ganzes Jahr lang zu verheimlichen, dass er wöchentlich Marihuana konsumierte. Ich fühlte mich in meinem mir wichtigsten Wert »Ehrlichkeit« nicht gesehen. Wieso brauchte er jetzt auf einmal so dringend meine Zustimmung? Je mehr er versuchte, mich zu überzeugen, desto stärker wehrte ich es ab – nicht aus Ablehnung dem Thema gegenüber, sondern aus Widerstand gegen seine Herangehensweise.

Da es fast wöchentlich zu diesen Diskussionen kam, fühlte ich mich irgendwann gezwungen, eine Meinung zu verteidigen, die ich gar nicht hatte. Ich suchte nach Argumenten und Gründen, die überhaupt keine Basis hatten, und so bildete ich mir ein, dass der Hauptgrund für meine Abwehrhaltung sei, dass ich mir nicht vorstellen konnte, Kinder in einem Haushalt großzuziehen, in dem gekifft wurde. Dies war das erste Mal, dass er meine Perspektive dazu akzeptierte, also blieb ich dabei, um weitere Diskussionen zu vermeiden. Seine Lösung hierfür war ein alberner Vertrag, der seine Rauchgewohnheiten nach und nach einschränken sollte – zumindest in der Theorie. Doch statt sich daran zu halten, rauchte er nur noch mehr, als hätte er nun die offizielle Erlaubnis.

Nach allem, was ich inzwischen über den Umgang mit Menschen mit ausgeprägt narzisstischen Verhaltensweisen dazugelernt habe, weiß ich, dass es fast unmöglich ist, aus solch sich ständig wiederholenden Auseinandersetzungen gestärkt als Person oder auch als Paar hervorzugehen. Egal, wie man dem begegnet – man kann nur verlieren.

Normalerweise sind Konflikte in Beziehungen durchaus dienlich, weil sie uns einladen, unsere Ansichten und unser Verhalten zu hinterfragen und auch unsere Bedürfnisse zu benennen oder aber Kränkungen zu offenbaren. In einer gesunden Beziehung sind Konflikte und deren Klärung sogar oft der einzige Weg, um in der Lage zu sein, die Perspektive zu wechseln und wahres Verständnis aufzubringen, wodurch echte Nähe entstehen und letztlich Zuneigung und Liebe gedeihen können.

Personen, die ein starkes narzisstisches Verhalten an den Tag legen, neigen jedoch häufig dazu, diese Auseinandersetzungen heraufzubeschwören. Sie lieben und brauchen es in gewisser Weise, um einerseits wie auf einer Bühne zu performen, damit sie sich selbst und dem anderen zeigen können, wie klug oder korrekt sie doch sind, und andererseits, um sich zu reiben. Der Gesprächspartner fühlt sich hinterher nicht selten leer, denn er wurde in Grund und Boden diskutiert und letztlich insofern missbraucht, als dass der narzisstisch geprägte Mensch die Energie, die aus dieser Reibung entsteht, für sich nutzt. Weil sein Selbstwert so labil ist, braucht er ständig eine neue Dosis Bestätigung auch in Form von Beachtung und Aufmerksamkeit von außen. Wird ihm diese verwehrt, versucht er es von Neuem, indem er sein Gegenüber kleinmacht, um seinen eigenen Wert wieder aufzubauen. Im Grunde geht es ihm dabei nicht darum, eine Lösung zu finden, sondern einzig und allein darum, sich selbst zu beweisen, wie liebenswert er oder sie selbst ist.

12 GEFANGEN IM LABYRINTH

Je länger ich mit Sam zusammenlebte, desto mehr vermisste ich meine Freunde. Ich war schon viel in der Welt unterwegs gewesen, aber noch nie war es so hart für mich, meine vertrauten Menschen so weit weg zu wissen. Es war in gewisser Weise ein Teufelskreis. Denn die harmonischen und wirklich sehr schönen Phasen mit Sam wurden immer wieder von Reibereien unterbrochen, die leider nicht aufhörten. Wenn es Meinungsverschiedenheiten gab, die wir nicht wirklich aus dem Weg räumen konnten, hatte ich umso mehr das Bedürfnis, mich von meinen Leuten verstanden zu fühlen. Ich stand sowohl mit Soufian als auch mit Julie, Laura, Ailine und meinen Eltern im engen Austausch, was mich stabilisierte.

Auf der anderen Seite gewährte ich Sams wichtigsten Menschen damit womöglich nicht ausreichend Platz in meinem Leben, um mit ihnen richtig warm zu werden. Es war für mich ganz normal und völlig okay, dass ich meinen Freund zu Grillabenden, Geburtstagspartys oder Familienfesten begleitete. Und natürlich bemühte ich mich um einen zugewandten Umgang mit all den Besuchern, die bei uns zu Hause ein- und ausgingen. Doch ich konnte die Zeit nicht so richtig genießen und hinterfragte mich weiterhin ständig, so auch, warum es mir so schwerfiel, mich einzugewöhnen. Als ich Sam davon erzählte, ermunterte er mich auf eine fürsorgliche Weise, mich noch mehr seinem Freundeskreis anzuschließen, zumal mich alle sehr gern hätten, wie er sagte.

Doch genau das war der Punkt. Ich hatte sonst nie ein Problem, mich auf neue Menschen einzulassen und in Bekanntschaften zu investieren. Nur hatte ich in dieser schwierigen Phase irgendwie keine Energie dafür und nach wie vor das Gefühl, aus einer ganz anderen Welt zu kommen. Es fiel mir nicht leicht, auf den typischen südafrikanischen *Braais* wiederholt die Erfahrung zu machen, dass zum Ende hin alle Männer um den Grill herumstanden, während ich mit all den Frauen am Küchentisch in großer Runde saß, in der über Leute geredet wurde, die ich nicht kannte, oder über Dinge, über die ich nur wenig wusste oder die mich einfach nicht interessierten.

Also hatten Sam und ich ein weiteres Thema, bei dem wir so heftig aneinandergerieten, wie ich es niemals erwartet hätte. Ich begann, mich dafür zu rechtfertigen, dass ich mein Umfeld vermisste, und versuchte, behutsam zu erklären, wie gern ich es mag, Zeit mit Menschen zu verbringen, von denen ich mich inspiriert fühle oder die ich inspirieren kann. Ich wollte damit keinesfalls Sams Freunde abwerten, bemühte mich aber, respektvoll zu schildern, dass ich diese Inspiration bei ihnen eben nicht wahrnehmen konnte.

Sam wollte mir offenbar helfen und gab mir den Rat, mich mehr auf sie einzulassen. Es sei nicht so schwierig, mit ihnen in Kontakt zu kommen. Ich erwiderte, dass ich noch nie Problem hatte, andere zu mögen oder eben Freundschaften zu schließen. Doch meine Leidenschaft fürs Netzwerken wusste er nicht zu würdigen, sondern gab mir eher das Gefühl, ich sei selbst schuld, wenn ich seinen Leuten keine Chance gab, sie besser kennenzulernen.

Wir redeten vollkommen aneinander vorbei. Dabei wollte ich mich einfach nur etwas mehr abgrenzen und lieber, je nach Situation, entscheiden, ob ich ihn weiterhin zu solchen Anlässen begleitete oder nicht. Sam wollte weiterhin zu Pärchenabenden gehen und erklärte, das sei doch die beste Gelegenheit, tiefer ins Gespräch zu kommen und als Paar zusammenzuwachsen.

Ich merkte, wie ich mich immer weniger verstanden fühlte. Und je mehr ich mich öffnete, um zu beschreiben, wie mies es mir in diesem ungewohnten Umfeld ging, in dem wirklich alles neu und zu viel auf einmal für mich war, desto mehr bombardierte

Sam mich mit Argumenten, weshalb ich auch hier meine Haltung überdenken müsse.

In den inzwischen regelmäßigen Telefonaten mit Julie und Soufian oder auch bei den Treffen mit Ailine fiel mir auf, wie sehr mich das ganze Setting in Sams Haus deprimierte, anstatt es allmählich als mein Zuhause zu empfinden. Als Julie mich fragte, ob es denn gar keine schönen Tage mehr gäbe, so wie am Anfang, beteuerte ich, es gäbe sogar sehr viel Schönes. Nur erlebten wir das eher außerhalb der Bubble, in der wir uns im Alltag bewegten. Zum Beispiel, wenn Sam und ich gemeinsam Ausflüge unternahmen, und sei es nur in den Baumarkt, wo wir herumalberten, oder bei unseren ewig langen Strandspaziergängen mit Fluffy und den wundervollen Wanderungen in der felsigen Natur, auf denen wir jedes Mal völlig verzückt waren, wenn wir auf *Dassis* stießen, diese niedlichen kleinen Nager, die so klein wie Meerschweinchen, aber tatsächlich mit Elefanten verwandt sind.

Solche Erlebnisse waren echte Highlights, bei denen ich auftanken konnte und die mich auf den Gedanken brachten, ob es für eine Beziehung nicht gesünder sei, wenn man gemeinsam ein echtes Zuhause für beide schaffte. So sehr ich es zu schätzen wusste, dass Sam dieses Haus besaß, das uns die Möglichkeit gab, als Paar eine sichere Basis zu haben, erwuchs in mir der Wunsch, einen gemeinsamen Neuanfang zu wagen. Ich hatte zwar nicht vor, ein anderes Haus zu kaufen, zumal wir weiterhin an unseren Träumen festhielten, auszuwandern, sobald wir Kinder hätten. Aber es schien mir die beste Zwischenlösung und der beste Kompromiss zu sein, vielleicht eine Wohnung anzumieten, die näher an Sams Redaktion lag, aber auch näher zum urbanen Leben und in der jeder sein eigenes Arbeitszimmer hatte, sodass wir uns im wahrsten Sinne genügend Raum geben konnten und es keinen Streit mehr gab, wenn er seine YouTube-Videos voll aufdrehte, aber von mir verlangte, ich solle Kopfhörer verwenden.

Doch meine Hoffnung zerschlug sich, denn Sam warf mir vor, ich sei undankbar und es sei unvernünftig, jetzt so viel Geld für einen Umzug auszugeben, nachdem er bereits so viel Arbeit und Geld in das Haus gesteckt habe. Ich konnte seine Argumente nachvollziehen, merkte aber gleichzeitig, wie meine Lebensfreude und Kraft mehr und mehr dahinschwanden.

Kurz vor meiner Rückkehr hatte ich angefangen, einen eigenen Podcast aufzunehmen. Mein Selbstbewusstsein in Sachen Kommunikation wurde aber immer geringer, und generell hatte ich einfach null Energie mehr, irgendwelche neuen Projekte umzusetzen.

Auch körperlich konnte ich Veränderungen feststellen, die mir deutlich zeigten, wie sich alles in eine falsche Richtung entwickelte. Ich hatte Rückenschmerzen und Hautirritationen, manchmal auch Ohrenrauschen, was für mich ein eindeutiges Stresssymptom war.

Zudem hatte ich seltsame Träume, von denen sich einer mehrmals wiederholte: nämlich, dass ich ein Kaugummi oder Haar im Rachen hätte, das ich mühsam, aber vergeblich versuchte, wieder herauszuziehen. Als ich nach der Bedeutung recherchierte, erfuhr ich, dass diese Symbolik dafür steht, seine Wahrheit nicht aussprechen zu können ...

REFLEXION

Jedes Mal, wenn ich versuchte, Samuel zu erklären, was in mir vorging, wurden mir gefühlt die Worte im Mund umgedreht, als hätte ich etwas völlig anderes gemeint. Ich fragte mich trotz der Sprachbarriere, die irgendwie immer mitschwang, wie man mich derart missverstehen konnte, so als wäre ich nie klar genug. Und so, wie er es am Ende auslegte, konnte ich das Gesagte nicht einmal leugnen, denn es war immer ein Funken Wahrheit dabei. In Diskussionen forderte er mich oft so lange heraus, bis ich mich zu einer unschönen Reaktion provoziert fühlte, sodass mir zum

Beispiel eines Tages herausrutschte: »Deine Freunde sind einfach nicht mein Fall!«

Ich war extrem frustriert, dass er meine Situation einfach nicht verstehen wollte. Wir landeten immer wieder bei denselben Vorwürfen: Ich sei dickköpfig, verschlossen und unfähig, mich anzupassen. So etwas hatte ich zuvor noch nie erlebt. Das eigentliche Problem war aber nicht meine zweifelhafte Unfähigkeit, mich auszudrücken, sondern die Tatsache, dass Samuels Erwartungen immer größer wurden, während meine Bemühungen, sie zu erfüllen, kein bisschen wertgeschätzt wurden.

Da ich wusste, dass wir nicht die gleiche Love Language sprachen, also auf die gleiche Art und Weise unsere Liebe ausdrückten, versuchte ich, herauszufinden, welche Dinge ich tun konnte, durch die er sich geliebt und wertgeschätzt fühlen würde. Zum Beispiel lernte ich Afrikaans, half ihm bei der Gartenarbeit oder sprang dank seiner ermutigenden Worte mit ihm von einem drei Meter hohen Felsen ins Wasser. Und ich war zu ihm gezogen, weil ich jobmäßig ungebundener war und er noch dabei war, in seiner Branche Fuß zu fassen. Meiner Meinung nach hatte ich mich sehr weit aus meiner Komfortzone begeben und war extrem offen.

Dennoch stand meine angebliche Verschlossenheit immer wieder im Zentrum unserer Streitereien. Es fühlte sich so an, als würde er aus einer Lehrerposition heraus mit mir reden, allerdings nicht besonders taktvoll.

Ich hätte damals mit meinem Brief vorsichtiger sein sollen. Ich hatte es mir quasi selbst manifestiert: »Du bist mein größter Lehrer.« Meine Mama sagt immer: »Sei vorsichtig, was du dir wünschst, denn es könnte in Erfüllung gehen!«

Da es mir völlig fremd war, dass jemand so viel von mir einforderte, konnte ich mir sicher sein, dass sich meinerseits dahinter kein ungesundes Muster oder verborgener Glaubenssatz verbarg. Etwa, dass ich mich nicht gut genug fühlte oder seinen Ansprüchen gerecht werden müsste. So sehr ich es auch richtig fand, zunächst bei sich selbst zu schauen, welchen eigenen Anteil man an einem Konflikt hatte, wusste ich, dass ich in diesem Fall nichts weiter tun konnte. Zumindest nicht in Bezug auf seine Ansprüche.

Meine große Herausforderung bestand darin, dass ich keine Idee hatte, wie ich aus diesem ständigen Kreislauf herauskommen oder damit umgehen sollte. Schließlich griff ich, statt mich weiter anzustrengen, auf mein ursprüngliches Muster zurück und fing an, seine Forderungen zu ignorieren und wieder mehr mein eigenes Ding zu machen. Doch auch das führte zu einem Teufelskreis, der seinen Drang verstärkte, alles zu beobachten und zu kommentieren, was ich tat oder eben nicht tat. Ich war mir sicher, dass es alternativlos war, bei mir zu bleiben und das zu tun, was für mich stimmig war. Doch das forderte ihn nur noch mehr heraus, mich unter Druck zu setzen. Es musste doch irgendeine Möglichkeit geben, wie ich ganz in meiner Mitte bleiben oder überhaupt erst einmal wieder zurückfinden konnte, ohne Samuel gegen mich aufzubringen.

Es schien eine unmögliche Mission zu sein. So kompliziert sie auch anmutete, ich war entschlossen, daran zu wachsen. Und zwar so lange, bis ich einen Ausweg aus diesem Labyrinth gefunden hätte. Für mich war es wie ein Rätsel, zu dem ich durch Serendipity geführt wurde und das ich daher unbedingt lösen wollte.

Wenn ich damals allerdings bereits etwas über Narzissmus in Erfahrung gebracht hätte, wäre ich vermutlich recht schnell darauf gestoßen, dass zu einer toxischen Beziehung mit einem narzisstisch geprägten Menschen jemand mit Tendenz zu einer sogenannten Co-Abhängigkeit gehört.

Dabei entwickeln Co-Abhängige häufig unterordnende, unterstützende und selbstaufopfernde Verhaltensweisen und passen sich den Bedürfnissen und Erwartungen des anderen an. Sie haben meist viel Empathievermögen und ein großes Harmoniebedürfnis.

Viele von Co-Narzissmus Betroffene unterdrücken ihre eigenen Bedürfnisse und Gefühle, um Konflikte zu vermeiden und die Beziehung aufrechtzuerhalten. So entsteht ein Ungleichgewicht, bei dem der andere die dominierende Rolle einnimmt und der Co-Abhängige an Selbstwertgefühl verliert, in schweren Fällen so extrem, dass Depressionen, Angstzustände oder gar Suizidgedanken die Folge sein können.

Auch wenn man sich seiner selbst vielleicht nie zu 100 Prozent sicher sein kann, so bin ich trotzdem der Überzeugung, dass ich zum Glück nicht in diese Art von Co-Abhängigkeit geraten bin. Zwar habe ich mich in Teilen so verhalten wie beschrieben, aber nicht, weil es mir schwerfällt, Grenzen zu setzen, oder um Samuels Bedürfnisse grundsätzlich über meine eigenen zu stellen. Für mich war es ein Versuch, eine Basis in der Mitte zu finden, in der wir beide aufeinander zukommen, was letzten Endes nicht geschehen ist. Im Grunde meines Herzens wusste ich längst, dass ich mir etwas vorgemacht und mich zu sehr verbogen hatte. Und letztlich sehe ich in der Heftigkeit der Auseinandersetzungen auch einen deutlichen Hinweis darauf, dass unsere Muster zwar anfangs ineinandergriffen, sich aber so sehr verkeilten, dass es recht schnell kein wahres Wir mehr gab – wenn es überhaupt je eines gegeben hatte.

13 WIEDER BEI MIR

Die kommenden Wochen zogen einfach an mir vorbei. Von außen betrachtet hätte man meinen können, Sam und ich hätten uns irgendwie zusammengerauft. Er widmete sich engagiert seiner Karriere, was bedeutete, dass er von montags bis freitags viel Zeit in Redaktionssitzungen verbrachte und Interviewtermine hatte. Ich wiederum war sehr mit mir selbst beschäftigt, weil ich weiterhin unbedingt meinen Teil der Verantwortung für unsere Konflikte übernehmen wollte. Und dann wieder ertappte ich mich dabei, alles hinschmeißen zu wollen.

Es gab Momente, in denen er mich dafür lobte, dass ich »endlich Logik in die Beziehung bringe«. In der Vergangenheit sei es immer nur er gewesen, der diesen Part übernommen hatte. Ich wusste nicht so recht, ob ich mich nun glücklich schätzen sollte, dass es zumindest etwas gab, das ihn zufriedenstellte. Oder hätten mich solche Kommentare eher misstrauisch machen sollen, weil er schlecht über seine Ex-Freundinnen sprach, die dazu offenbar nicht in der Lage gewesen waren? Ich entschied mich dafür, es positiv zu sehen.

Und trotzdem fragte ich mich immer häufiger, wo ich nur gelandet war. In einem Leben, das mir überhaupt nicht entsprach! Hätte ich nicht die stetige Unterstützung meiner Freunde gehabt, wäre ich wahrscheinlich wahnsinnig geworden. Soufian war meinen Argumenten gegenüber total zugänglich, wonach ich immer noch Antworten suchte, warum ich diese Erfahrung machen sollte. Doch ab einem gewissen Punkt widersprach er mir: »Wachsen an sich ist natürlich super, aber doch nur, so lange du du selbst sein kannst. Du darfst nicht alles mit dir machen lassen, Farina!«

Eine immer lauter werdende Stimme sagte mir, dass er recht hatte. Als mir an einem Tag Anfang November bewusst wurde, dass ich viel lieber bei der ersten Live-Session des weltberühmten Bestsellerautors Jay Shetty gewesen wäre, fasste ich den Entschluss, früher oder später eine solche Reise nach Los Angeles nachzuholen. Es war wie ein Versprechen an mich selbst. Denn ich war zutiefst frustriert, dass es mit Sam und mir alles andere als gut lief und ich deswegen so sehr litt. Umso mehr beschäftigte ich mich mit dem nährenden Input, den ich zu einem großen Teil Laura zu verdanken hatte. Ich tauschte mich nicht nur eng mit ihr aus, sondern machte auch ihren *I-Am-*Onlinekurs, in dem es unter anderem um die eigene Lebensvision ging, die ich für mich neu definieren wollte.

Aber selbst das schien Sam auf eine sehr spezielle Weise ein Dorn im Auge zu sein. Dabei versuchte ich – gerade, weil er mir Verschlossenheit vorwarf –, ihn in meine inneren Prozesse mit einzubeziehen, so auch, als Laura mir die *7 Phasen der Veränderung* aus dem Buch *Die fünf Sprachen der Liebe* von Gary Chapman näherbrachte. Ich wusste nicht, ob Sam womöglich auf die Nähe, die ich mit meinen Freunden hatte, eifersüchtig war. Es war zum Verrücktwerden! Einerseits verlangte er, ich solle an mir arbeiten, anderseits erachtete er spirituelles Coaching und das um sich selbst Kreisen als gefährlich, weil es den Egoismus befördere. Ich hielt dagegen, dass ich, seit ich mehr Selbstliebe praktizierte, im Vergleich zu meiner Jugend ein viel ausgeglichenerer und auch glücklicherer Mensch sei und dass ich dadurch sicherlich auch für meine Mitmenschen ein viel besseres Gegenüber sei, als wenn ich keine Verantwortung für mein Seelenheil übernähme. Je mehr Raum meine Selbstliebe hat, desto mehr kann ich geben. Und je offener mein Herz, desto stärker meine Fähigkeit, zu lieben.

Auch das legte er mir zum Nachteil aus, beziehungsweise er überhöhte sich einmal mehr, indem er sagte, man könne anderen doch viel besser helfen, indem man sich zurücknehmen und nicht in den Mittelpunkt stellen würde.

Ich fragte ihn, ob es also gar nicht ernst gemeint gewesen war, als er anfangs vorgab, gemeinsam mit mir eine Coaching-Ausbildung machen zu wollen, damit wir andere auf ihrem Weg unterstützen konnten. Das tat er ab, so als hätten wir nie darüber gesprochen oder dass ich mir das zusammenfantasieren würde. Er fragte mich, wann genau er das gesagt haben solle. Da ich ihm weder ein konkretes Datum noch den genauen Wortlaut nennen konnte, habe das Gespräch wohl nie stattgefunden.

Ich war es wirklich leid und total dankbar und froh, als Laura ankündigte, dass sehr bald das nächste große Shooting für ihr Magazin anstand, was mir endlich wieder etwas Auftrieb gab. Doch zuvor kam es zu einem weiteren Einschnitt.

Eines Nachmittags überraschte mich ein Anruf aus dem Krankenhaus. Sam habe einen Unfall gehabt, bei dem er sich zwar nur leicht verletzt habe, der aber aufgrund eines erneuten synkopalen Anfalls passiert war. Es hatte nicht viel gefehlt, und er wäre mit seinem Auto eine Felswand hinuntergestürzt. Zum Glück war er dank eines parkenden Wagens noch rechtzeitig zum Stehen gekommen, was beide Autos stark beschädigt, aber ansonsten nur ein paar Blessuren wie ein leichtes Schleudertrauma verursacht hatte.

Ich war natürlich erschrocken und fuhr sofort mit einem Taxi zu ihm ins Krankenhaus, um festzustellen, dass dort bereits sein Vater und einer seiner Cousins vor Ort waren. Und zwar seit Stunden! Ich war die Letzte gewesen, die informiert worden war, was großes Befremden in mir auslöste. Ich sprach mit dem Arzt und erfuhr, dass Sam eine Nacht zur Beobachtung würde bleiben müssen. Natürlich war ich auch am nächsten Tag für ihn da und holte ihn nach seiner Entlassung mit einem Mietwagen ab, den wir vorerst nutzen mussten, bis sein BMW repariert war.

Als wir zu Hause ankamen, fragte ich besorgt nach dem möglichen Auslöser für den Anfall. Sam ging mich jedoch direkt an und wollte wissen, warum ich dem Arzt erzählt hätte, wie viele Anfälle er bisher gehabt hatte. Ich verstand nicht, warum Sam das nicht recht gewesen war. Er selbst hatte jedenfalls nur einen Anfall angegeben und erwähnte mir gegenüber in einem Nebensatz, dass die anderen ja gar nicht zählen würden. Ich fragte nach, was er damit meine. Dann gestand er mir, dass es gar nicht das Bier gewesen war, was den Anfall zu Beginn des Jahres ausgelöst hatte, sondern Acid. Ich war schockiert! Nicht darüber, dass Sam offenbar Drogen gegenüber noch aufgeschlossener war, als ich bisher angenommen hatte. Nein, ich war entsetzt darüber, wie eiskalt er mich damals und all die Zeit über angelogen hatte und das, obwohl ich angeblich diejenige war, die nicht offen genug kommunizierte.

Und es machte mich nun auch richtig wütend, wie er seine Gesundheit riskierte und wie er sich trotzdem als unfehlbar, reflektiert, erfahren sowie abgeklärt ausgab. Die ganze Diskussion um Drogen ging von vorne los, weil ich – worauf er weiterhin insistierte – ein Problem damit hätte. Dabei war sein Problem viel offensichtlicher: Schließlich setzte er sein Gehirn diesen Experimenten aus, obwohl dies aus medizinischer Sicht eigentlich ein absolutes No-Go war, weil sie offenbar schon häufiger einen Anfall verursacht hatten.

Soufian bestärkte mich in meiner Verzweiflung einmal mehr darin, die Ursache für meine Streitereien mit Sam nicht länger bei mir zu suchen. Er war der Meinung, wenn Sam mir ein Problem andichten wolle, zeige das doch eindeutig, dass er selbst eines habe, weil er alles andere als mit sich im Reinen sei.

All das fühlte sich nicht mehr nach einer vertrauensvollen Beziehung an, in der man übers Heiraten oder Kinder sprechen sollte. Ich fühlte mich weiter weg von all dem als jemals zuvor.

****

Nach diesem – auch mir selbst gegenüber eingestandenen Tiefpunkt – geschah ein kleines Wunder. Es kam mir vor wie der berühmte Strohhalm, an den ich mich klammern konnte, so sehr verloren und einsam fühlte ich mich. Als Laura und ich das bevorstehende Shooting planten und überlegten, welche Settings dafür infrage kämen, erwähnte sie, dass sie im Februar nach Kalifornien fliegen würde, um dort ein paar Podcast-Interviews aufzunehmen. Eventuell sogar eines mit Jay Shetty. Ich war wie elektrisiert! Ich kannte dieses Gefühl, es war dieses wohlig erfüllende Kribbeln, das ich immer dann in mir spürte, wenn sich wie von Zauberhand eins zum anderen fügte. Ich war von jetzt auf gleich endlich wieder in meinem Element – und das mit so viel Begeisterung, Leichtigkeit und Lebensfreude, dass plötzlich wieder alles möglich schien!

Es brauchte gar nicht viele Worte, bis klar war: Ich würde Laura nach L. A. begleiten! Von dort würden wir weiter nach Hawaii fliegen und shooten. Ich konnte mein Glück kaum fassen und das umso weniger, als das zweite Wunder auf dem Fuße folgte: Ich überlegte mit Julie am Telefon, wann wir beide uns endlich wiedersehen konnten, wo ich doch Weihnachten und Silvester in Kapstadt bleiben und sie eine längere Reise nach Panama antreten würde, wie ich erfuhr. Darauf berichtete ich ganz aufgeregt von unseren frisch geschmiedeten Reiseplänen, zumal sich Laura und Julie ebenfalls bereits kannten. Julie meinte, das sei ja witzig, denn sie wolle nach ihrem Aufenthalt in Panama ebenfalls ein paar Tage auf Hawaii dranhängen. Und noch ehe wir Witze darüber machen konnten, was für ein krasser Zufall es doch wäre, wenn wir zeitgleich auf derselben Insel sein würden, realisierten wir genau das. Wir drei würden tatsächlich am selben Tag auf Maui landen!

Wir konnten es kaum glauben, und gleichzeitig spürte ich, dass es genau die Energie war, die mir die ganze Zeit in meinem goldenen Käfig gefehlt hatte, die ich jedoch wie die Luft zum Atmen brauchte, um mir immer mehr von dem zu kreieren, was mein

Herz begehrte. Und das war derzeit keinesfalls die kleine Welt mit Samuel, sondern die große weite mit meinen Lieblingsmenschen.

Der nächste Streit kam auch prompt, als ich ihm von meinem Vorhaben berichtete, mir eine sechswöchige Auszeit zu nehmen und ohne ihn auf Reisen zu gehen. Selbst wenn er mich hätte begleiten wollen, oder selbst, wenn ich es gewollt hätte, wäre das wegen seines Jobs gar nicht möglich gewesen. Ich spürte, wie mich allein schon die Vorfreude beflügelte und sich jede Faser meines Körpers danach sehnte, mal so richtig aus meinem derzeitigen Trott herauszukommen. Sam warf mir natürlich vor, egoistisch zu sein und auch oberflächlich, weil mir *glitz and glamour*, wie er es nannte, wichtiger waren als alles andere und ich es nicht zu schätzen und zu würdigen wisse, was er mir alles bot.

Dies war wirklich ein Wendepunkt. Denn ich merkte, wie ich mich das erste Mal seit Langem innerlich aufrichtete und über jeden Zweifel erhaben war und das nicht in einer Weise, in der ich mich Sam gegenüber überhöhte, sondern einfach bei mir blieb. Der wahren Herzensstimme zu folgen, bedeutet Frieden – ganz gleich, was im Außen geschieht.

Ich fühlte mich lebendiger und mehr bei mir als je zuvor. Und das nicht, obwohl ich endlich wieder Selbstfürsorge betrieb und meine Bedürfnisse und Wünsche artikulierte und ihnen nachging, sondern exakt genau deswegen!

* * * *

Meine Euphorie trug mich über die Feiertage ins nächste Jahr. Die ruhigen Raunächte zwischen den Jahren hatte ich genutzt, um das Vergangene Revue passieren zu lassen, was mich so manche heilsame Träne kostete. Es war wirklich seltsam. Als ich mein Journal durchging, war sofort die klaustrophobische Beklemmung wieder spürbar, unter der ich seit Oktober fast ununterbrochen gelitten hatte. Aber jetzt, da ich eine so wundervolle und inspirierende Zeit vor mir hatte, erschien zwar nicht alles im goldenen Licht, aber vielleicht in einem etwas milderen. Auch wenn ich in meinen Aufzeichnungen vor allem positive Ereignisse festhielt, um mich immer daran erinnern und mit der Energie der Dankbarkeit manifestieren zu können, betrachtete ich all jene, die ich zusammen mit Sam erlebt hatte, mit einer gewissen Skepsis. Es fühlte sich so an, als wäre ich auf gesunde Distanz zu ihm gegangen. Das Paradoxon war, dass wir dadurch offenbar eine ganz neue Nähe entwickelten.

Wir hatten auffällig wenige Auseinandersetzungen. Er kritisierte mich nicht, ich kritisierte ihn nicht. Jeder von uns machte sein eigenes Ding, und die Dinge, die wir weiterhin zusammen unternahmen, versuchten wir, so gut es nur ging, zu genießen. Plötzlich schien alles wieder beim Alten zu sein – ich hatte meinen Sam wieder und Hoffnung, dass wir die schwerste Zeit überstanden hatten und nun doch alles gut werden würde.

Wir stellten sogar Überlegungen an, welche Optionen wir für einen gemeinsamen Urlaub hatten und welcher Zeitraum der richtige wäre, nicht mehr zu verhüten. Und das nicht etwa, weil nichts mehr lief zwischen uns, sondern im Gegenteil, diese neue, auch körperliche Nähe uns hoffnungsvoll ins neue Jahr starten ließ.

Und so war ich sogar auch ziemlich traurig, als wir uns am Flughafen für eineinhalb Monate verabschiedeten. Sam wünschte mir nun doch eine tolle Zeit, was ich als aufrichtige Geste empfand. Wir hielten uns eine ganze Zeit lang in den Armen, so, als wäre uns klar, wenn wir jetzt einander losließen, wäre es womöglich für immer. Ich winkte ihm nach dem Passieren der Security noch einmal zu und fühlte, wie das schlechte Gewissen in mir hochkriechen wollte. Doch in dem Moment, in dem der Flieger sich nur kurze Zeit später in die Luft erhob und ich das traumhafte Panorama Kapstadts von oben bewunderte, fühlte ich mich frei – und ich war fest entschlossen, diese Freiheit voll und ganz zu genießen.

* * * *

All die Bilder, die ich von Hollywood in meinem Kopf gehabt hatte, nun wahrhaftig mit eigenen Augen zu sehen, machte mich einfach nur happy. Plötzlich fühlte ich mich wieder, als hätte ich nicht nur die Hauptrolle, sondern auch die Regie in meinem ganz eigenen Film übernommen. Noch wusste ich nicht, wie das Ende sich gestalten würde, aber eines war für mich ganz klar: Es musste ein glückliches sein!

Hier, zusammen als kleines Team mit Laura, ihrer Assistentin Amelie und ihrem Videografen Lars, war jeder Tag ein Highlight. Wir begleiteten Laura bei mehreren Interviews unter anderem mit der Schauspielerin AnnaLynne McCord, alias Naomi Clark in *90210*, Kelly Noonan Gores, bekannt aus dem Dokumentarfilm *Heal* und Bestsellerautor und Podcaster Lewis Howes. An meinem Geburtstag gingen wir die Hügel hinauf zum Griffith-Observatorium, von wo aus man die berühmten HOLLYWOOD-Buchstaben sehen kann. Wir waren in einigen tollen Cafés und Restaurants und in Venice Beach sowie am Abbot Kinney Boulevard unterwegs und in Santa Monica an der Strandpromenade.

Was Jay Shetty anging, mussten wir uns etwas in Geduld üben, denn ausgerechnet sein Interviewtermin wurde zunächst auf unbestimmte Zeit verschoben. Aber das machte nichts, denn ich war mir sicher, dass wir ihn trotzdem noch treffen würden. Wir hatten eine Einladung zu einer Filmpremiere von Lewis Howes, aber leider nur drei Tickets. Also losten wir aus, wer dabei sein durfte, wobei ich den Kürzeren zog. So hatte es zumindest den Anschein. Als ich jedoch wie verabredet auf dem Weg zur Aftershow-Party war und ich ins Forum des Kinokomplexes trat, hatte ich genau jenes Bild vor Augen, das ich die ganze Zeit über manifestiert hatte: Vor mir stand kein anderer als Jay Shetty mit seiner Frau Radhi! Ich konnte es selbst kaum glauben und war nicht nur unendlich dankbar für diese Begegnung, sondern einmal mehr sicher, es war die richtige Entscheidung gewesen, diese Reise anzutreten.

Das Beste aber stand uns noch bevor: das Fotoshoot in einem absolut magischen Setting von Maui und die Zeit davor und danach, die ich in jeder Minute voll und ganz als eines der Geschenke meines Lebens feierte. Wir waren nun nicht mehr ein Team, sondern ein Dream-Team. An den freien Tagen begaben Julie und ich uns auf Erkundungstour dieses Paradieses auf Erden. Trotz der breiten Straßen und typisch amerikanischen Supermärkte erschien uns die Insel wie ein verzauberter Ort, in dem die Landschaft in kürzester Zeit von traumhaften Sandstränden zu üppigen Regenwäldern, Wasserfällen und schroffen Felsenklippen wechselte. Manchmal fühlte es sich fast an, als hätten wir eine kleine Version von Irland durchquert, nur um gleich wieder am Fuß eines gewaltigen Vulkans zu stehen.

Wir schnorchelten, tauchten mit Schildkröten und beobachteten Wale, was Magie pur war! Auf dem gelben Gummiboot hatte ich kurz das Bedürfnis, mich über den Rand zu lehnen und nach unten ins Wasser zu schauen. Genau in diesem Moment kamen zwei Wale aus der Tiefe direkt zu mir hoch geschwommen und drifteten kurz vor dem Boot zur Seite ab. Julie hatte es mit der GoPro-Kamera festgehalten, ich habe es mit meinen Augen gesehen, und wir beide haben es im Herzen gespeichert.

Als wir eine Wanderung auf dem Vulkan Haleakalā unternahmen, hatten wir noch mal ausreichend Gelegenheit, über mein Beziehungsleben mit all seinen Höhen und Tiefen zu sprechen. Ich fühlte mich hier in der wunderschönen Natur mit all ihrer tropischen Vielfalt so sicher mit mir selbst, dass ich recht nüchtern noch mal alle Phasen und Schlüsselszenen mit Julie gedanklich durchgehen konnte und andeutete, dass der Ausgang sehr ungewiss wäre.

»Aber ihr liebt euch doch!«, insistierte Julie. Ich sah, wie sie in sich zusammensank, so als würde eine kleine heile Welt für sie zerbrechen.

»Ich bin mir da gar nicht so sicher«, hörte ich mich schließlich sagen. Ich musste an Sams erste echte Liebeserklärung im südafrikanischen Winter denken und daran, wie glücklich sie mich damals gemacht hatte. Aber seitdem war so viel passiert, dass mir das Wort Liebe im Zusammenhang mit Samuel nicht mehr über die Lippen kam, obwohl wir wieder an unsere alte durchaus warme Kommunikation angeknüpft hatten, viele Nachrichten hin und her schickten und regelmäßig per Video telefonierten. Ich zeigte ihm, warum mich diese Insel so berührte, und hoffte vielleicht, damit ein bisschen Fernweh in ihm zu wecken, das uns doch noch in eine gemeinsame Zukunft tragen würde ...

REFLEXION

Es war ein merkwürdiger Zustand. Obwohl alles in mir schrie, dass die Verbindung zwischen mir und Samuel gescheitert war und ich wesentlich glücklicher ohne ihn wäre, blieb da diese kleine Flamme der Hoffnung, die ich noch nicht zu löschen bereit war. Ich redete mir ein, dass es doch noch möglich wäre, das Rätsel zu lösen, wenn ich ihn nur richtig erreichen könnte – wenn meine

Worte oder Gesten etwas in ihm auslösen würden. Wenn er nur verstehen würde, dass Liebe mit Akzeptanz beginnt, dann könnten wir wieder zusammenfinden. Und vielleicht sogar besser als je zuvor, weil wir all diese Hürden überwunden hätten. Ich bildete mir ein, dass es nur dieser eine winzig kleine Schalter war, den wir jetzt ein für alle Mal vor meiner Reise umgelegt hatten. Doch in Wirklichkeit blieb dieses Auf und Ab immer da, ein ständiger Wechsel zwischen Verzweiflung und dem Wunsch, festzuhalten, was vielleicht gar nicht zu retten war.

Auf dem Rückweg von Hawaii nach Kapstadt begrüßte mich der Slogan der Turkish Airlines Businessclass: »Arrive like you never left« – Komm an, als wärst du nie weg gewesen. Ich dachte mehrere Stunden darüber nach, was das für mich bedeuten könnte, und erinnerte mich an unsere letzte Woche vor meinem Abflug. Wir hatten wie durch magische Weise wieder zueinandergefunden, die Streitereien hatten sich in Luft aufgelöst. Vielleicht hatten wir ja doch noch eine Chance? Ich nahm mir vor, diesen Werbeslogan als Mantra mitzunehmen. Um all den Ballast, den ich seit meinem Einzug mitschleppte, loszulassen und mich von nun an wieder ausschließlich auf die positiven Dinge zu fokussieren, damit wir dort weitermachen konnten, wo wir aufgehört hatten.

Als ich nach meiner 38-stündigen Rückreise aus dem Flieger ausstieg, war ich noch so tief in Gedanken versunken, dass ich fast vergaß, meine Tasche mitzunehmen. Erst ein sanftes Tippen auf meiner Schulter riss mich aus meiner Trance. Ein Mann reichte sie mir – dunkle Haare, Brille und mit einem dezenten und anziehenden Lächeln, wie ich es auch von Samuel kannte. Ich bedankte mich schnell und eilte weiter, um Samuel so schnell wie möglich wieder in die Arme zu schließen und so anzukommen, wie ich ihn vor acht Wochen zurückgelassen hatte.

Dieses Hin und Her findet sich häufig in toxischen Beziehungen. Denn wenn narzisstisch geprägte Partner realisieren, dass die Gefahr droht, den anderen zu verlieren, geben sie alles, um ihn mit bewährten Mitteln wieder zurückzuerobern. Dann inszeniert sich dieser Mensch erneut oder immer wieder als Projektionsfeld für ein Beziehungsideal, das auf Dauer aber keinen Bestand hat. Doch zunächst fällt man wieder darauf herein. Es ist wie ein Ziehen an einem Gummiband – ein ewiges Spiel aus Nähe und Distanz, das viel Anstrengung kostet und Verwirrung stiftet, aber ein Loslösen umso schwerer machen kann.

14 ENDE MIT SCHRECKEN

Ich kehrte also voller Power und der Zuversicht zurück, dass sich mein Leben nun wieder in die richtige Richtung bewegte. Durch all die vielen schönen Gespräche und Momente mit meinen lieben Freundinnen und den beeindruckenden Kulissen, von denen ich sicher eine vier- wenn nicht sogar fünfstellige Anzahl Fotos gemacht hatte, fühlte ich mich vollkommen erholt und gestärkt. Und tatsächlich bemerkte ich eine weitere positive Veränderung: Während ich um mich herum immer mehr Angst und Unruhe wahrnahm, weil eine drohende Pandemie die Welt in Atem hielt, breitete sich in mir ein warmes Gefühl aus, je mehr ich mich Samuel näherte. Mehr noch, mein Herz begann wieder zu hüpfen, als ich ihn schon von Weitem hinter den Gepäckbändern auf mich warten sah. Sam ging es genauso, jedenfalls behauptete er das, und gab mir durch seine feste, lange Umarmung und leidenschaftliche Wiedersehensküsse zu verstehen, wie sehr er mich vermisst hatte.

Es schien eine Ewigkeit her zu sein, dass wir uns zuletzt gesehen hatten, und während der gut einstündigen Fahrt plapperte ich aufgeregt darüber, wie sehr es sich gelohnt hatte, den langen Weg auf mich genommen zu haben. Sam bekräftigte das, was er auch am Telefon bereits angedeutet hatte, nämlich, dass er inzwischen nachvollziehen könne, warum mir die Reise so wichtig gewesen war und es uns als Paar sicher auch gutgetan hatte, mal auf Abstand zu gehen, um nun vieles besser zu machen. Ich freute mich sehr darüber und dieses Mal sogar auch auf Sams Haus – denn es war unser Zuhause, und das war für den Moment auch gut so und alles, was zählte.

Als ich Sam, der meinen Koffer hineintrug, mit meinem vollgestopften Rucksack folgte und über die Schwelle der Haustür trat, beschlich mich jedoch sofort ein beunruhigendes Gefühl. Ich steuerte das Bad an, um mir wie immer, nachdem ich länger unterwegs gewesen war, die Hände zu waschen und das umso gründlicher angesichts der aktuellen Lage. Da bemerkte ich, dass Sam in meiner Abwesenheit meinen Seifenspender gegen einen anderen, einen herkömmlichen aus Plastik mit Logo einer Handelsmarke darauf, ausgetauscht hatte. Als ich ihn in einem liebevollen Ton darauf ansprach, ignorierte er mich zunächst.

Ich vermutete, es sei ihm unangenehm, denn ich erinnerte mich noch genau an den Tag im Oktober, als wir deswegen einen unglaublichen Streit gehabt hatten. Weil ich seit dem Einzug ja nie das Gefühl gehabt hatte, richtig ankommen zu können, hatte ich mich dazu entschieden, mich etwas persönlicher einzurichten. Und da es bisher keinen Seifenspender im Bad gegeben hatte, hatte ich bei einem gemeinsamen Einkauf eine hellrosafarbene Seife mit einem angenehm fruchtig-süßlichen Duft ausgesucht, auch weil mir das weiße Porzellan mit der Einfassung aus Bambusholz so gut gefiel. Sam war dazugekommen, hatte auf den Preis geschaut und gesagt: »Warum muss es denn dieses teure Zeug sein?«

Ich hatte ihn enttäuscht angesehen, aber er hatte nur gelacht und ergänzt: »Du musst dir mit Seife doch einfach bloß die Hände waschen!«

Ich hatte damals leicht beschämt in sein Lachen eingestimmt, dann aber mit einer Spur Selbstironie erklärt, dass ich mich bei jedem Händewaschen freuen würde, weil die Seife so gut rieche und der Spender so hübsch aussehe. Das sei mir die paar Rant mehr wert. Er fand es unnötig, die teurere Seife zu kaufen, aber weil es mein Geld war, gönnte ich mir den Spender und war sehr zufrieden mit meiner Entscheidung. Auf der Autofahrt nach Hause hatte Sam ein angestrengtes Gesicht gemacht. Er erklärte mir, er mache sich Sorgen, ob ich ein Mensch sei, der nicht mit Geld umgehen könne. Schließlich sei es wahrscheinlich, dass wir später als Familie eine Zeit lang mit weniger würden auskommen müssen. Mich traf diese Bemerkung, obwohl ich mir sicher war, dass er keinen wunden Punkt berührt hatte. Mich traf vielmehr, dass ich mich so wenig oder falsch gesehen fühlte: Eigentlich hätte er längst wissen müssen, dass er mir bei Geldfragen voll und ganz vertrauen konnte. Ich nahm mich als sparsamen Menschen wahr, der größere und auch kleinere Investitionen immer gut durchdenkt.

Die ganze Szene hatte ich noch immer klar vor Augen und dabei sogar Sams Stimme im Ohr, denn es war die allererste Meinungsverschiedenheit gewesen, die wir nicht wirklich hatten klären können. Umso gespannter war ich nun, was er während meiner Abwesenheit mit meinem Spender angestellt hatte.

»Ach, der ist im Gästebad«, antwortete er. Ich war verwundert und fragte weiter, ob er wegen Corona lieber eine andere Seife nutzen wolle, eine antibakterielle. Doch auf der Billigseife waren keine besonderen Inhaltstoffe angegeben, weswegen ich einfach ins Gästebad ging, um die Spender zurück zu tauschen – ohne ein weiteres Wort darüber zu verlieren. Ich wollte unbedingt eine Diskussion verhindern und uns nicht die Wiedersehensfreude vermiesen. Doch Sam missfiel das offenbar, und er stellte mich zur Rede. Ich erklärte ruhig, ich wolle mich nicht als Gast fühlen müssen, sondern zu Hause mit *meinen* Sachen, nach *meinem* Geschmack.

Und schon waren wir doch wieder mittendrin in einer Auseinandersetzung – eine, die ich gar nicht wollte. Und er angeblich auch nicht. Er bezeichnete mich einmal mehr als Dramaqueen und verstand nicht, was das Problem war.

Ich erinnerte ihn an unseren Streit, doch er tat alles ab. Angeblich hatten wir damals gar nicht gestritten. Das müsse ich mir eingebildet haben. Und überhaupt, welcher halbwegs normale Mensch würde wegen Seife so viel Aufhebens machen?

In mir brodelte es. Ich konnte nicht mal sagen, was daran das Schlimmste war – die Tatsache, dass die Wiedersehensfreude so schnell umgeschlagen war oder dass ich mich wieder so unverstanden fühlte.

Tief in mir begannen schon wieder Zweifel an mir zu nagen: Hatte ich womöglich angefangen, im Supermarkt zu diskutieren? Oder hatten wir gar keinen echten Streit gehabt? Waren meine Bedürfnisse wirklich so falsch? War ich vielleicht doch ganz falsch in meiner Wahrnehmung? Ich schluckte meinen Groll herunter und versuchte, es leicht zu nehmen und mich darauf zu fokussieren, was ich mir im Urlaub fest vorgenommen hatte: mich nicht mehr aus meiner Mitte bringen zu lassen.

Doch das schale Gefühl hielt bis zum nächsten Tag an. Weil ich nach ewig langer Zeit endlich mal wieder mit Ailine zum Essen verabredet war, berichtete ich ihr von meinem traumhaften Trip und meinen neuen Hoffnungen, die sich bei der Ankunft leider wieder zerschlagen hätten.

»Für mich hört sich das an wie *Gaslighting*«, sagte sie und führte auf meinen irritierten Blick hin aus, was sie damit meinte – nämlich die Manipulation durch einen Partner mit narzisstischen Tendenzen. Ich musste lachen. Sam war auf eine Art ein schwieriger Mensch, der leider sehr von seiner Meinung überzeugt war, aber ganz sicher nicht mit Trump oder Putin zu vergleichen! Doch je mehr Ailine mir darüber erzählt hatte, was sie in einer Podcast-Folge mit einer Expertin über das Thema gehört hatte, desto beklemmender war das Gefühl, das in mir aufstieg. Sie sagte: »Die Wahrheit zu finden ist schwer, wenn jemand anderes sie ständig für dich umschreibt.« Ihre Worte ließen etwas in mir aufbrechen, das ich lange nicht sehen konnte oder wollte.

Sobald ich zurück und sicher war, dass Samuel schlief, begann ich zu googeln. Mir wurde heiß und kalt. Alles, was dort über Gaslighting beschrieben war, passte exakt zu dem, wie es mir in Konflikten mit Samuel erging: Ich verlor regelmäßig das Vertrauen in meine eigene Wahrnehmung. Und nun kannte ich den Grund dafür:

Gaslighting ist eine Ausprägung von emotionalem Missbrauch und gilt als manipulatives Verhalten, bei dem eine Person absichtlich durch Lügen, Leugnen oder Einschüchterungstaktiken versucht, sein Gegenüber zu destabilisieren und sein Selbstwertgefühl zu untergraben. Dies geschieht, indem aktiv auch die Wahrnehmung und das Vertrauen in eigene Gefühle und Gedanken in Zweifel gezogen werden.

Ich war zutiefst erschüttert. Konnte es wirklich wahr sein, dass Samuel mich die ganze Zeit – wenn womöglich auch unwissend – manipuliert hatte? Ich las weiter und erfuhr, woher der Begriff stammte, nämlich aus dem Theaterstück *Gas Light* von Patrick Hamilton. Darin versucht ein Ehemann, seine Frau systematisch in den Wahnsinn zu treiben, um an ihr Erbe zu kommen. 1944 wurde das Stück als Verfilmung bekannt und prägte in der Psychologie den Begriff »Gaslighting«.

Ich recherchierte bis tief in die Nacht, obwohl ich noch mit meinem Jetlag zu kämpfen hatte. Je mehr ich mich durch die Seiten im Netz klickte, desto verwirrter wurde ich. Es gab so unendlich viele Suchtreffer, und mal fand ich Kriterien, anhand derer man »einen Narzissten entlarven kann«, die total auf Samuel passten – etwa, dass er immer recht haben wollte. Dann las ich Artikel, in denen Merkmale genannt wurden, die so gar nicht auf ihn passten – zum Beispiel, unempathisch zu sein. Manchmal hatte ich vielmehr das Gefühl, dass Samuel über empathisch war, weil er die Menschen mit seinen eindringlichen Blicken besonders intensiv studierte und oft richtig lag in seiner Einschätzung, was deren Problem sei. Was auch immer es war, es machte mir Angst und verschaffte mir gleichzeitig eine auf gewisse Weise tröstende Genugtuung. Aber noch hatte ich keine Lösung, wie ich aus diesem Dilemma herauskommen könnte.

* * * *

In den nächsten Tagen schlichen wir ein bisschen umeinander herum. Ich hatte für mich beschlossen, erst einmal richtig anzukommen und mir noch mehr Podcasts und Bücher zu dem Thema anzusehen. Mit Samuel über meinen Verdacht sprechen wollte ich hingegen auf keinen Fall, wie ich überhaupt jeder Auseinandersetzung aus dem Weg gehen wollte, jetzt, da ich wusste, dass ich dabei ohnehin nichts bewirken könnte.

Dazu kam, dass Südafrika ein erster Lockdown bevorstand. Wir organisierten alles, was nötig war, und richteten das Arbeitszimmer so ein, dass wir beide gleichzeitig einander gegenüber an unseren Rechnern sitzen konnten und Samuel unbehelligt an all den vielen Redaktionskonferenzen teilnehmen konnte.

Ich ertappte mich immer wieder dabei, dass ich ihn im Stillen beobachtete und überprüfte, ob an seinem Verhalten nun tatsächlich etwas Narzisstisches war oder nicht. Er war durchweg freundlich zu seinen Kollegen, soweit ich das beurteilen konnte, und ich mochte es sehr, wie gut er sich ausdrücken und wie warmherzig er dabei klingen konnte.

Doch dann wieder erinnerte ich mich an Begebenheiten in der Vergangenheit, zum Beispiel daran, dass er nie mit jemandem aus meinem Umfeld so richtig warm geworden war, er sich mit seinem engen Kumpel Betho überworfen hatte und wie schlecht er über seine Ex-Freundinnen geredet hatte, was eigentlich eine Red Flag für mich hätte sein müssen. Oder etwa nicht?

Es war zum Wahnsinnigwerden, weil wir trotz allem immer wieder auch sehr nahe und sehr schöne Momente hatten. Wir lagen eng aneinander gekuschelt auf dem Sofa, wenn wir eine Serie guckten, über unsere Lieblingsnamen für unsere Kinder sprachen oder ganz harmonisch Karten spielten. So, als wären wir schon seit Jahrzehnten ein Paar, das einfach zusammengehörte.

Doch die Tatsache, dass wir nahezu 24/7 zusammen waren, verstärkte unsere grundsätzlichen Probleme und diese Anspannung, die zwischen uns lag. Es kam mir manchmal so vor, als wenn wir beide einander permanent testen würden, ob wir auch ja der richtige Partner fürs Leben und vor allem der richtige Elternteil waren. Und in all den Punkten, in denen ich nicht Samuels Ideal entsprach, versuchte er, mich dazu zu erziehen, seinen Wunschvorstellungen zu entsprechen. So sollte ich mich viel mehr für das Weltgeschehen und Politik interessieren, insbesondere jetzt in der Krise sei es wichtig, sich umfassend zu informieren. Ich stimmte ihm zu und fand nicht, dass Samuel mir gegenüber einen allzu großen Wissensvorsprung hatte. Und selbst wenn, wäre es mir egal gewesen. Nicht egal war mir jedoch das Gefühl, das er mir mit seinen wertenden Kommentaren gab. Er hielt sich ganz offensichtlich für intelligenter und gebildeter und rieb es mir durch spitze Bemerkungen unter die Nase, wenn es zum Beispiel um die aktuellen Infektionszahlen ging, die mir zwar nicht gleichgültig waren, aber mit denen ich nicht viel anfangen konnte. Ich war nun mal nicht auf Fakten und Wissen fokussiert, so wie er. Mich interessierte viel mehr, wie es meinen Eltern ging, und die Frage, wann ich sie angesichts der sich ausweitenden Pandemie wiedersehen würde.

Ohnehin fragte ich mich immer häufiger, ob unsere Beziehung besser verlaufen wäre, wenn Samuel für längere Zeit nach Deutschland gekommen wäre. Ich hätte es sehr gern ausprobieren wollen, einfach aufgrund der Tatsache, dass ich hier in seiner Heimat so ziemlich alles falsch machte – angefangen von der Menge der in seinen Augen überteuerten Blaubeeren, die ich in mein Müsli tat, über den Geschirrspüler, den ich nicht ausreichend befüllte, bis hin zu den Trinkspielen, die er und seine Freunde online betrieben und bei denen ich die Spaßbremse war, weil ich nicht mitmachen wollte.

Ich bekam immer mal wieder Ohrenschmerzen, was kein Wunder war bei allem, was ich mir anhören musste, und war irgendwann so müde und leer angesichts all der Sticheleien, die sich häuften, je länger wir in unserem Gefängnis aufeinander hockten, dass ich mich fragte, ob ich nicht einfach nach Deutschland zurückkehren sollte.

Ich dachte all die Zeit, ich kämpfe für uns, für die Liebe, bis ich merkte, dass ich gegen mich selbst kämpfte.

Und so sprach ich endlich das aus, was mir schon so oft im Halse stecken geblieben war, als er eines Abends vor mir stand und wie ein Oberlehrer mit erhobenem Zeigefinger auf mich einredete, ich solle gefälligst die Einkäufe desinfizieren, worum er mich schon mehrfach gebeten habe.

»Wieso trennen wir uns nicht sofort?«, schrie ich ihn an. Alles, was sich viel zu lange aufgestaut hatte, brach aus mir heraus. Inzwischen war mir fast egal, was er über mich dachte. Mir war einfach klar, dass er im Grunde eine andere Frau wollte – eine, die in der Lage war, seinen Ansprüchen gerecht zu werden und seine Dominanz und Arroganz zu ertragen. Und genauso sagte ich es auch! Samuel war perplex und kämpfte mit den Tränen. Ich ebenso. Wir schlossen uns verzweifelt in die Arme und stießen uns im nächsten Moment auch schon wieder weg. Wir konnten nicht miteinander und nicht ohneeinander. Oder war es bloß das Bild von einer Zukunft, an dem wir so hingen, das aber niemals Realität werden würde?

Ich erinnerte mich daran, gelesen zu haben, man könne Menschen mit einer narzisstisch geprägten Persönlichkeitsstörung schon daran erkennen, dass sie nicht bereit seien, sich professionell helfen zu lassen. Tatsächlich hatte ich schon einmal vorgeschlagen, eine Paartherapie zu machen, was Samuel mit der Begründung abgelehnt hatte, dass es nichts gäbe, woran er grundlegend etwas ändern wolle. Auch wenn ich selbst nicht wirklich an den Erfolg glaubte, fragte ich, ob wir nicht zumindest Unterstützung durch einen Coach in Anspruch nehmen sollten, der uns dabei helfen konnte, wertschätzender miteinander zu sprechen. Samuel wiegelte auch das mit einer ebenso schroffen wie zynischen Bemerkung ab: Das sei eine grandiose Idee angesichts des Lockdowns. Doch am nächsten Morgen überraschte er mich damit, dass er im Netz eine Frau gefunden habe, die auf interkulturelle Paare spezialisiert sei, online Sprechstunden anbieten würde und sogar kurzfristige Termine frei hätte.

* * * *

Unsere erste Sitzung hatten wir bereits zwei Tage später. Ich war inzwischen wieder so durcheinander, dass ich Mühe hatte, dem zu folgen, was Samuel auf die Frage, wie er unsere Beziehung beschreiben und was er sich wünschen würde, alles ausführte. Bereits in der zweiten Sitzung zeigte sich sehr schnell der Kern der Konflikte: Samuel wollte mir helfen, an mir zu arbeiten, obwohl das gar nicht seine Aufgabe war. Wir kamen auf seine Schwester und seine Rolle als älterer Bruder zu sprechen, sodass ich plötzlich wieder voller Mitgefühl für ihn war. Ich wusste ja, dass er im Grunde ein herzensguter Mensch war. Wieso nur musste er mich so oft runtermachen, obwohl er mich doch angeblich liebte?

Um mich nicht in einer Diskussion zu verfangen, schilderte ich meine Sicht der Dinge in Metaphern: Ich fühlte mich, als würde ich von der Arktis in die Wüste ziehen, und Samuel würde mich im Auto mitnehmen und mir während der Fahrt permanent vorhalten, dass ich keine Ahnung von Autos hätte und es nicht richtig sei, während der Fahrt das Fenster zu öffnen, obwohl ich kaum Luft bekam ... Es kam mir zwar etwas seltsam vor – und an Samuels Gesichtsausdruck konnte ich auch ablesen, wie wenig er für meine Vergleiche übrighatte –, aber die Coachin bestärkte mich darin, in meinen Bildern zu bleiben. Ziemlich schnell kamen wir auf den Knackpunkt: Es könnte helfen, wenn ich die Dinge, die Samuel äußerte, nicht so nah an mich heranließe. Ich empfand die Hinweise als wertvoll oder zumindest wertvoll genug, um die Empfehlungen für ein stärker wertschätzendes Miteinander auszuprobieren. Wir hatten schließlich nichts zu verlieren.

Doch im Grunde machte das Coaching die verfahrene Situation nur noch schlimmer, denn Samuel sah durch die Schlussfolgerung der Coachin nun quasi den Beweis erbracht, dass ich tatsächlich zu emotional und zu empfindlich war, um souverän mit Kritik umzugehen, und dass ich mich für andere Ansichten öffnen müsste, wodurch wir dann mehr Kompromisse schließen und mehr zueinanderfinden würden.

Mir platzte endgültig der Kragen! Die größte Illusion in einer toxischen Beziehung ist die Hoffnung auf ein Happy End. Innerhalb von nur vier Wochen war ich vom Paradies aus wieder in der Hölle angelangt. Wenn das Coaching ein Gutes hatte, dann war es die Einsicht, dass es einfach nicht funktionierte mit uns beiden und ich nicht mehr wollte, dass Samuel der Vater meiner Kinder würde.

* * * *

Die Situation in der Welt da draußen und die in unserer kleinen drinnen spitzten sich derart zu, dass ich es einmal mehr als ein Wink des Schicksals sah, als ich von der deutschen Botschaft eine E-Mail erhielt, in der ich aufgefordert wurde, mich umgehend zu melden, falls ich mit dem letzten Rückholflieger in die Bundesrepublik gebracht werden wollte. Ich zeigte Samuel dieses Schreiben und fragte ihn, was ich tun solle. Schließlich wusste er ja alles besser.

»Dann flieg doch!«, antwortete er. Sein eindringlicher Blick war der Beweis, dass er es ernst meinte, ebenso wie ich wusste, dass es dieses Mal kein Abschied auf Zeit sein würde, sondern ein Abschied für immer.

Ich verbrachte fast die ganze Nacht damit zu packen und war auch nicht mehr in der Lage, mich neben ihn ins Bett zu legen. Es tat einfach zu weh, Nähe zu einem Menschen zuzulassen, der mir die Welt bedeutet hatte und mit dem ich die Welt hatte erobern wollen. Stattdessen war sie zusammengebrochen. Wir standen beide vor dem Nichts und mussten von nun an mit all den Verletzungen und Enttäuschungen leben, die wir niemals gemeinsam heilen könnten, und auch mit der quälenden Ungewissheit, ob wir jemals einen Partner finden würden, mit dem wir uns die Gründung einer Familie vorstellen konnten und umgekehrt.

Mein Abschied von Samuel fühlte sich an wie der Abschied von all meinen Träumen. Auch deshalb, weil mich die ganze Zeit über ein Zitat einer namibischen Frau begleitete, in dem es sinngemäß heißt, ein Kind entstehe bereits in dem Moment, in dem eine Mutter es das erste Mal in ihren Gedanken willkommen heißt. Ich war unendlich traurig.

Als ich im Bad stand, fiel mein Blick auf den Seifenspender. Er war immer noch da, unversehrt. Trotz all dessen, was er ausgelöst hatte. Andächtig nahm ich ihn an mich, wie zum Trost. Er war genauso leer, wie ich mich fühlte. Vorsichtig wickelte ich ihn in ein Handtuch, damit er auf meiner Rückreise nicht zerbrach. In der zarten Hoffnung, mich eines Tages mit einem versöhnlichen Lächeln darüber freuen zu können, wieder bei mir angekommen und zu Hause zu sein.

* * * *

Am nächsten Morgen passierte etwas, womit ich nicht gerechnet hatte. Etwa eine halbe Stunde, bevor ich von einem Fahrer abgeholt werden sollte, kraulte ich gerade Fluffy, um ihm mit bebenden Lippen Lebewohl zu sagen. Samuel kam dazu, griff nach meiner Hand und sagte: »Geh' nicht, bitte!«

Mir gefror das Blut in den Adern. Ich hatte mehr als vier Stunden gepackt, gefühlt noch mehr Stunden am Stück geweint, weil wir beide uns trennen wollten. Ich fühlte mich zerrissener denn je und sah nur in diese grünen Augen, in denen so viel Wärme lag. Aber auch Kälte, und vielleicht war das der Hauptgrund, warum ich mich in diese Lage gebracht hatte. Ich war an einen Mann mit zwei Gesichtern geraten, und auch wenn ein großer Teil von mir sich am liebsten in seine starken Arme geworfen hätte, gab es einen noch größeren Teil in mir, der die tiefe Gewissheit hatte, dass diese Beziehung ein Schrecken ohne Ende bleiben würde.

Eine gesunde Liebe fühlt sich nicht an wie ein Kampf. Toxische Liebe hingegen frisst dich auf wie ein Parasit.

»Das hat doch keinen Sinn mehr«, sagte ich leise und drückte Samuels Hand.

Doch er entzog sie und entgegnete eben mit jener Kälte: »Wenn du es so sehen willst!«

Ich konnte nicht anders, als in dieser Aussage eine weitere von Tausenden Vorhaltungen herauszuhören und musste an das *Gebet eines Narzissten* von Samedin Selimovia denken, auf das ich bei meiner Recherche gestoßen war und das ich auswendig gelernt hatte:

Das ist nie passiert.
Und wenn es passiert ist, war es nicht so schlimm.
Und wenn es das doch war, war es nicht meine Schuld.
Und wenn doch, meinte ich es nicht so.
Und wenn doch, dann bist du schuld.

****

Und wieder spielte ich die Hauptrolle in meinem Film. Jedenfalls fühlte ich mich so, allerdings nicht wie in einer romantischen Komödie, sondern wie in einem Science-Fiction-Horrorstreifen.

Die Straßen von Kapstadt waren wegen des Lockdowns menschenleer. Die pulsierende Metropole war verstummt. Mit mir wurden etwa 50 weitere deutsche Staatsbürger vorab getestet und zum Flughafen gebracht. Wir saßen schweigend hinter getönten Scheiben mit Maske auf unseren Sitzen, worüber ich sogar froh war, weil ich dahinter mein verheultes Gesicht verstecken konnte. Auch das Flughafengebäude war gespenstisch ruhig. Wir wurden von ebenfalls maskiertem Personal angehalten, direkt zum Gate zu gehen und in den Flieger zu steigen. Und dann ging alles ganz schnell. Nur einen kurzen Moment später setzte sich die Maschine in Bewegung, fast so, als wäre es die allerletzte Chance gewesen, sich in Sicherheit zu bringen.

Ich starrte einfach nur mit leerem Blick aus dem Fenster. Es war ein verregneter Tag. All die schillernden Farben der wunderschönen Südspitze Afrikas schienen ihre Strahlkraft verloren zu haben. Ich blickte aus den Augenwinkeln noch auf das Stadion, von dem ich einmal gar nicht weit weg gelebt hatte. Und dann war da nur noch Grau. Ich schloss die Augen und hatte den kurzen Gedanken, wie es wäre, wenn ich sie nie wieder öffnen würde …

Nur einen Wimpernschlag später spürte ich das grelle Licht der Sonne auf meiner Nasenspitze. Ich blinzelte in den hellblauen Himmel, der so tat, als hätte es die dunklen Wolken darunter nie gegeben. Mein Herz wurde urplötzlich geflutet von Liebe. Ich legte behutsam meine Hände darauf und fühlte meinen Atem. Er war ganz ruhig. Alles war gut.

Nachwort

Narzissmus ist letztendlich eine verzerrte Form von Selbstliebe und ist daher nicht auf den ersten Blick erkennbar. Narzisstisches Verhalten gilt sogar als gesund, wenn der Selbstwert aus innerer Stärke wächst, aber ungesund, wenn er auf externer Bewunderung basiert und die Empathie für andere verloren geht. Wir alle haben narzisstische Anteile und brauchen diese auch, um zu wachsen und zu gedeihen. Die an sich seltenen Blüten, die echter Narzissmus treiben kann, sind so vielfältig wie in der natürlichen Flora. Auch dort gibt es kein Schwarz-Weiß, sondern facettenreiche Nuancen – von mauerblümchenartig verdeckt bis hin zu auffallend exotisch. Diese besondere Schönheit gefällt uns.

Ein Mitmensch, der voll in seiner Blüte steht, hat eine Strahlkraft, der sich auch die Stärksten unter uns nicht entziehen können. Wir umgeben uns gerne mit seinen schillernden Farben und verführerischen Düften und kosten gar den Nektar oder die Beeren. Nur kann man von außen nicht erkennen, ob diese womöglich ungenießbar oder giftig sind. Verfangen wir uns in unserer Anfangseuphorie in all den verlockenden Auswüchsen, kostet es viel Kraft, dort wieder hinauszufinden. Wir müssen dafür Versuchungen widerstehen, entgegen unserer Lust und Sehnsucht handeln. Andernfalls merken wir gar nicht, wie unsere Energiequellen schwinden, weil wir in den Schatten gestellt oder uns das Wasser abgegraben wird. Wir haben keine Chance, unseren Platz in unserer Mitte zu finden und fest zu verwurzeln. Je tiefer die Verflechtung, desto mehr sind wir bedroht, zu verblühen, zu vertrocknen und einzugehen.

Natürlich gibt es auch sinnvolle Symbiosen, bei denen beide Lebewesen voneinander profitieren, manchmal eine Zeit lang, manchmal für immer, weil Schwächen ausgeglichen und Stärken gefördert werden. Letztlich ergeben sich aus jeder Verbindung Entwicklungsprozesse – die Frage ist nur, ob man als Paar gemeinsam wächst, oder einer von beiden untergeht oder der eine den anderen mit in den Untergang reißt und eine Trennung daher ratsam ist.

Bei Samuel vermag ich auch heute nicht zu sagen, wie ausgeprägt sein Narzissmus war. Die wenigsten, nämlich nur etwa drei Prozent der Bevölkerung, haben eine nachweisbar pathologische beziehungsweise narzisstisch geprägte Persönlichkeitsstörung. Für mich ist es allerdings nicht ausschlaggebend, wie groß seine Anteile waren. Der entscheidende Faktor ist, dass mir unsere Beziehung massiv geschadet hat und ich sie daher als toxisch bezeichnen würde. Samuel würde vermutlich eine andere – seine eigene – Geschichte erzählen, weil naturgemäß jeder eine andere Wahrnehmung und Realität hat.

Vielleicht war es auch nur die Kombination unserer Persönlichkeiten, die eine ungünstige Konstellation ergeben hat. Ungünstig auch deshalb, weil die Reibungspunkte so viel negative Energie erzeugten, dass sie uns provozierte, unsere unschönsten Seiten zu zeigen.

Jedenfalls griff eins ins andere wie in einem Zahnrad. Nur bewegte sich das Ganze in eine schadhaft gefährliche Richtung, die mich vollkommen durcheinanderbrachte und mich an meiner Wahrnehmung und meinem Selbst zweifeln ließ. Plötzlich war ich gar nicht mehr der grundsätzlich offene, herzenswarme und positive Mensch, als den ich mich kannte und mochte. Und so war es ein fließender Übergang zur drohenden Co-Abhängigkeit, die ich zum Glück hatte abwenden können.

Das bedeutet aber keinesfalls, dass ich meine Entscheidungen von damals bereue, denn rückblickend führten sie mich alle über den Weg zur wahren Selbstliebe, sodass ich heute für eine Partnerschaft bereit bin, die wahrhaftig all das mitbringt, was ich mir damals in Form des

Briefes gewünscht habe. Nur brauchte es offenbar diesen Umweg, nicht nur, aber auch, um meine Geschichte mit anderen zu teilen.

Ich hatte zwar fachliche Unterstützung bei diesem Buchprojekt, aber der reine Schreibprozess war enorm wichtig für mich. Das erneute Durchleben dieser intensiven Phase meines Lebens brachte Klarheit in das Geschehen und auch in mein Inneres, dessen Architektur durch all die wiederkehrenden Erschütterungen starke Risse und Schäden abgekommen hatte. Dank meiner Ressourcen ist es jedoch nicht vollständig zusammengebrochen, sodass ich heute sagen kann: Ich habe meinen Schmerz vollkommen transformiert und mehr noch, ich bin sogar stärker aus dieser einschneidenden Krise hervorgegangen, als ich es in meiner Not für möglich gehalten hätte. Damals im Flugzeug auf der Rückreise war ich einerseits erleichtert, in buchstäblich letzter Minute entkommen zu sein, kam mir aber andererseits wie eine Versagerin vor, die keinerlei Perspektiven mehr für eine neue Liebe oder eine glückliche Familie hatte.

Liebe ist dennoch die Antwort. Es kann auch nicht die Lösung sein, Menschen mit narzisstischer Persönlichkeitsstörung zu verurteilen und Menschen mit stark narzisstischen Anteilen auszugrenzen. Vielmehr sollten wir uns alle fragen, wie viele Anteile wir selbst haben und ob sie uns oder andere bereichern oder ihnen schaden.

Meine Liebe zu Samuel war in gewisser Weise eine Illusion. Wir waren ineinander verliebt und haben es uns beide sehr gewünscht, eine gemeinsame Zukunft aufzubauen. Doch eine solche muss auf bedingungsloser Liebe beruhen – als Basis für Wachstum, zusammen und jeder für sich.

Die Art und Weise aber, wie und wodurch wir wachsen wollten oder konnten, harmonierte nicht. Die Projektionen aufeinander waren schöngefärbt, aber nach und nach kam darunter die Fassade zum Vorschein, hinter der sich letztlich innere Kinder versteckten, die geheilt werden wollten.

Meine Versuche, Samuel aus diesem Versteck herauszulocken, um sich wahrhaftig zu öffnen und sich verletzt und verletzlich zu zeigen, haben nicht gereicht. Er musste es aus eigener Kraft schaffen, dies schien zumindest einer seiner Glaubenssätze zu sein. Dass ich mich letzten Endes schützen und eben selbst retten wollte, war der vielleicht wichtigste Schritt meines Lebens. Ich habe zu wahrer innerer Stärke zurückgefunden, nicht, *obwohl* ich in einer toxischen Beziehung gefangen war, sondern gerade, *weil* ich die Kraft in mir mobilisiert habe, mich aus ihr zu befreien – auch dank der Unterstützung durch mein inspirierendes, nährendes Umfeld.

Einer der letzten Sätze, den Samuel zu mir sagte, öffnete mir endgültig die Augen, dass es die einzig richtige Entscheidung war zu gehen.

»Wenn du dich nicht veränderst, kann unsere Beziehung nicht funktionieren.«

»Wenn du mich nicht so akzeptierst, wie ich bin, hab ich gar kein Interesse daran, dass unsere Beziehung funktioniert«, antwortete ich.

Seitdem haben wir keinen Kontakt mehr zueinander, obwohl ich so eng mit ihm verbunden war. Auf eine besondere Weise werde ich das aber immer bleiben. Auf der Ebene des angstbasierten Egos war ich oft verletzt und verzweifelt und enttäuscht und wütend, und es dauerte längere Zeit, bis ich mein höheres Selbst wieder wahrnehmen konnte – die Ebene, auf der ich ihm sein ebenfalls angstbasiertes Verhalten vollständig verziehen habe und auch mir selbst dafür, dass ich schwach war, es nicht besser wusste und Fehler machte.

Manchmal geht es nicht primär darum, jemanden loszulassen, sondern sich selbst zurückzugewinnen. Das war mir auch erst möglich, als ich Abstand nahm und mir selbst Raum gegeben habe, um zu heilen. Ich habe diesen Raum genutzt, um dieses Buch zu schreiben, indem ich zunächst all meine zutiefst ambivalenten Erlebnisse und aufwühlenden Gedanken zu Papier brachte, um nicht doch noch wahnsinnig zu werden. Diese Zeitreise in die jüngste Vergangenheit war wichtig, um alle damit verbundenen Emotionen mit einem sicheren und gesunden Abstand noch einmal zu durchleben.

Daraus entstand der Wunsch, nein, das Bedürfnis, meine leidvolle Erfahrung weiterzugeben. Nicht nur, aber auch, um all dem einen Sinn zu geben, der über das hinausgeht, was ich allein für meine eigene Heilung daraus ziehen kann.

Mein Appell lautet: keinesfalls Beziehungen mit Vorsicht oder Misstrauen zu begegnen, sondern ganz im Gegenteil, sie als Einladung zu sehen, um mit voller Hingabe und Urvertrauen daran zu wachsen, ganz gleich, ob diese Beziehung eine kurze Episode oder ein Leben lang oder darüber hinaus andauert. Und gerade deswegen ist es so wichtig, den Mut aufzubringen, genau hinzusehen, Verantwortung für sein inneres Kind zu übernehmen, sich nicht mehr mit seinem Mangel oder Schmerz zu identifizieren, für die eigenen Werte einzustehen und achtsam mit seinen Sehnsüchten und Bedürfnissen zu sein, die niemals von einem Partner oder einer Partnerin allein gestillt werden können.

Als Wesen mit einem unendlichen Bewusstsein können wir uns selbstfürsorglich die Liebe schenken, die es braucht, um wirklich erwachsen zu werden, um ein liebevoller Elternteil zu sein, aber auch, um Menschen selbstlos etwas geben zu können, wenn sie es nicht schaffen, aus eigener Kraft heraus in die Selbstliebe zu kommen. Diese Menschen sind keine Bösewichte, die nur Schlechtes im Sinn haben. Sie sind vielmehr selbst verletzte Seelen, die es nicht verdient haben, verurteilt und nur noch mehr verletzt zu werden.

Mit Liebe sollten wir die Dinge geschehen lassen und auch andere betrachten. Aus welcher schützenden Distanz heraus, obliegt allein uns und unserer individuellen Stärke. Diese Stärke brauchen wir. Denn: Sind wir in unserer vollen Schöpferkraft, ersticken destruktive Egoauswüchse im Keim, und die Welt wird zu einem bunten, friedlichen Paradies auf Erden, in dem ein jeder aufblüht.

Danksagung

Dieses Buch ist nicht nur das Ergebnis vieler Erlebnisse und Begegnungen, sondern auch der Zusammenarbeit, Unterstützung und Inspiration vieler Menschen, ohne die es nicht möglich gewesen wäre.

Sofie Cramer, du bist für mich weit mehr als nur meine Co-Autorin. Du bist die Person, die diese Geschichte erst zum Leben erweckt hat. Durch deine einfühlsame Art, Worte zu wählen, hast du den Gefühlen und Dynamiken eine Tiefe verliehen, die sie greifbar macht. Unsere Zusammenarbeit war nicht nur inspirierend, sondern ein echtes Geschenk. Ich liebe, wie wir uns gegenseitig ergänzen. Danke, dass du diesen Weg mit mir gehst. Und vielen Dank an Michi Schreiber, die uns zusammengebracht hat. Du hast ein Händchen für die richtigen Verbindungen – und das nicht nur in beruflicher Hinsicht.

Ein großes Dankeschön an Laura Malina Seiler für deine Freundschaft und das wundervolle Vorwort. Deine Worte haben mich tief berührt, und ich kann mir keinen schöneren Einstieg vorstellen. Unsere gemeinsamen Reisen, Fotoshoots und Momente in L. A. und Hawaii gehören zu den Erinnerungen, die ich für immer in meinem Herzen tragen werde.

Julie, Soufian, Ailine, Merle, Marie, Laura, Anita, Christoph, Hannes und all die anderen wunderbaren Menschen in meinem Leben – danke für eure Freundschaft, eure Unterstützung und all die tiefen Gespräche, die mich immer wieder zum Nachdenken und Wachsen bringen. Soufian, deine Sichtweisen sind wie ein Schlüssel zu neuen Perspektiven. Eine Welt mit mehr Soufians wäre definitiv eine bessere. Julie, deine positive Art macht jedes Gespräch zu einem Ort voller Leichtigkeit und Optimismus. Und Ailine, durch dich habe ich erst wirklich verstanden, was Gaslighting bedeutet. Danke auch an meine London-Laura, die im Buch Lisa heißt – ich liebe unsere gemeinsame Coworking-Zeit und die Serendipity-Momente, die wir in der kurzen Zeit gemeinsam erlebt haben. Danke, dass ihr alle ein Teil meines Lebens seid. Ein besonderer Dank gilt meiner Assistentin Svenja – für all die Dinge, mit denen du mir den Rücken freihältst und mich ermutigst, immer weiterzugehen. Danke, dass ich immer auf dich zählen kann.

Ein herzliches Dankeschön an den Now Verlag für die wundervolle Zusammenarbeit auf Augenhöhe und dafür, dass ihr unsere Vision teilt. Sophie Lauenroth, danke, dass du diese Verbindung möglich gemacht hast. Anna Ewald, danke für deine Expertise und deinen therapeutischen Blick. Danke auch an Lars Amend für deine Tipps und deinen Support, der mir gerade in der Anfangsphase so viel Orientierung gegeben hat.

Mama und Papa, danke, dass ihr mir gezeigt habt, was es bedeutet, bedingungslos zu lieben. Ohne euch wäre ich nicht der Mensch, der ich heute bin. Danke an meinen Verlobten Phillip – für unsere offene, wertungsfreie Kommunikation, dafür, dass du dich auf diesen Prozess eingelassen hast, auch wenn ich hier über meine vergangene Liebe spreche, und für dein kreatives Talent, mit dem du durch dein Coverdesign und deine Illustrationen etwas Einzigartiges geschaffen hast.

Und schließlich danke ich DIR – ja, genau dir, weil du dieses Buch gerade in den Händen hältst. Es ist nur deshalb entstanden, weil ich gespürt habe, dass ich diese Geschichte nicht nur für mich erlebe, sondern um sie zu teilen. Ich glaube, wir alle können etwas daraus lernen – über die Liebe, über uns selbst und über das, was wirklich wichtig ist.

Und natürlich danke an Samuel (dessen Name aus Persönlichkeitsgründen geändert wurde). Auch wenn unsere Beziehung schwierig war, hat sie mich wachsen lassen und mir gezeigt, wie wichtig es ist, sich selbst treu zu bleiben, und dass Akzeptanz die Grundlage jeder gesunden Beziehung ist.

Danke an jeden Einzelnen, der mich auf dieser Reise begleitet hat – und an alle, die helfen, diese Geschichte und ihre Botschaft weiterzutragen. Wenn sie dich berührt hat, freue ich mich, wenn du sie jemandem empfiehlst, der oder die vielleicht gerade in einer herausfordernden Situation ist oder gerne Geschichten fürs Herz liest. Jede Empfehlung, jede Rezension oder Erwähnung hilft, dass sie die Menschen erreicht, die sie am meisten brauchen. Eure Unterstützung bedeutet mir mehr, als ich in Worte fassen kann.

Mein Geschenk für dich!
Manche Geschichten enden nicht auf der letzten Seite. Deshalb habe ich drei besondere Geschenke für dich zusammengestellt, als kleine Begleiter für deinen weiteren Weg:

- **Dein Mini-Journal** – Reflexionsfragen, um Beziehungserfahrungen zu verarbeiten und wieder bei dir selbst anzukommen.
- **Soundtrack zum Buch** – Meine Spotify Playlist, die die Geschichte in Musik widerspiegelt und mich beim Schreiben in die Szenen eintauchen ließ.
- **Kapstadt-Tipps** – Meine persönlichen Geheimtipps und Lieblingsorte in Kapstadt.

Du findest alles hier:
www.farina-deutschmann.de/buchbonus

Oder scanne den QR-Code:

Anhang

EINFÜHRUNG IN DIE KOMPLEXITÄT TOXISCHER BEZIEHUNGEN

Obwohl Liebe und Akzeptanz in einer erfüllenden Beziehung die Basis für Wachstum bilden, können auch gesunde Bindungen herausfordernde Phasen durchlaufen. Die Dynamiken in toxischen Beziehungen dagegen sind oft so subtil und tief verwurzelt, dass sie mitunter kaum bemerkt werden.

Anhand meiner Geschichte konnte ich hoffentlich zeigen, wie leicht man in solche Verstrickungen geraten kann, weil der Unterschied zu normalen Konflikten häufig nicht sofort oder nur schwer erkennbar ist. Um diesen subtilen und oft unsichtbaren Prozess besser zu verstehen, ist es wichtig, zu wissen, wie toxische Beziehungsmuster entlarvt werden und welche Fragen helfen können, um Klarheit zu gewinnen. Denn auch wenn eine Veränderung beim anderen möglich ist – sie beginnt bei uns selbst: Es ist wichtig, sowohl auf eigene Muster als auch auf den Einfluss der Beziehung auf das eigene Wohlbefinden zu achten.

Dabei kann es sehr hilfreich sein, die verschiedenen Facetten und Abstufungen von Narzissmus sowie die Komplexität toxischer Beziehungen zu verstehen, um ein tieferes Bewusstsein für deren Auswirkungen zu entwickeln.

WAS BEDEUTET NARZISSMUS?

Narzissmus kann als überhebliches Selbstbild definiert werden. Es ist jedoch ein weitverbreitetes Missverständnis, dass Menschen mit hohen narzisstischen Anteilen ausschließlich manipulative und kaltherzige Menschen seien, die ein zu großes Selbstwertgefühl haben. Tatsächlich ist – wie in diesem Buch mehrfach exemplarisch beschrieben – das Gegenteil der Fall. Narzissmus beruht auf einem unsicheren, brüchigen Selbstbild und tiefen Selbstzweifeln, die sich durch ein starkes Bedürfnis nach Bewunderung und Bestätigung von außen zeigen, die den Mangel kompensieren sollen. Dies kann sowohl sehr offensichtlich oder eher unterschwellig passieren und bringt positive und negative Eigenschaften mit sich. Die verschiedenen Formen oder Ausprägungen können in sehr feinen Nuancen variieren und sind oft schwer zu differenzieren.

Grundsätzlich unterscheidet man zwischen »normalem Narzissmus« und einer narzisstischen Persönlichkeitsstörung. Doch auch dazwischen gibt es eine Vielzahl von Abstufungen von gesundem zu ungesundem Narzissmus bis hin zur klinisch relevanten Persönlichkeitsstörung, die im *Diagnostischen und Statistischen Manual psychischer Störungen* (DSM-5) offiziell erfasst wird. Dies ist ein weltweit anerkanntes Standardwerk der Psychiatrie, das klare Kriterien und diagnostische Leitlinien zur Identifikation psychischer Störungen bereitstellt.

Innerhalb der narzisstischen Persönlichkeitsstörung wird zwischen verschiedenen Subtypen wie dem grandiosen und dem verdeckten Narzissmus unterschieden. Beide streben auf ungesunde Weise nach Anerkennung und Selbstwert, jedoch auf unterschiedliche Arten: Der grandiose Typus ist durch offensichtliche Selbstüberschätzung und ein ausgeprägtes Bedürfnis nach Bewunderung gekennzeichnet, während der Typus des verdeckten Narzissmus weniger plakativ auftritt und häufig durch zurückhaltende Verhaltensweisen um Anerkennung buhlt, ohne dies direkt zu äußern.

Insbesondere in Beziehungen fällt es Betroffenen sehr schwer, die eigene Verbindung als toxisch zu erkennen, da die emotionale Manipulation, je nach Ausprägung, oft sehr subtil passiert, sich nur langsam steigert und immer wieder durch positive Erlebnisse beflügelt wird. Doch auch die Hochs sind Teil eines komplexen, oft unbewussten Musters, Sicherheit und Stabilität in der Beziehung zu schaffen und damit gleichzeitig Kontrolle auszuüben, ohne dass es offensichtlich wird. Im Grunde sind Menschen mit hohen narzisstischen Anteilen der Meinung, dass ausschließlich die eigenen Bedürfnisse und Wünsche Vorrang haben sollten. Sie sind nicht an einem harmonischen Miteinander interessiert.

NARZISSMUS UND SELBSTLIEBE

Narzissmus wird oft mit übersteigerter Selbstliebe verwechselt. Wahre Selbstliebe basiert jedoch auf Selbstakzeptanz und innerer Zufriedenheit. Im Gegensatz zum Narzissmus ist sie eine gesunde und positive Form der eigenen Wahrnehmung und eine gesunde, positive Einstellung, bei der man sich selbst akzeptiert und respektiert. Sie stärkt das Selbstbewusstsein und ermöglicht es, auch anderen gegenüber emphatisch und liebevoll zu sein, was wiederum eine gute Basis für gesunde Beziehungen schafft.

Narzissmus dagegen ist eine extreme Fixierung auf das eigene Selbst. Der eigene Wert ist abhängig von äußerer Bestätigung und gilt daher als ungesunde Form von Selbstwertgefühl.

DIE ABSTUFUNGEN

Selbstliebe: Die positivste Ausprägung fördert das Wohlbefinden und gesunde Beziehungen. Sie wird aus innerer Stärke und Selbstakzeptanz gewonnen.

Gesunder Narzissmus: Eine ausgeglichene Selbstwahrnehmung ermöglicht es der Person, ihre eigenen Bedürfnisse und die der anderen zu respektieren, ohne dabei anderen zu schaden, kann jedoch in gewissem Maße von einem labilen Selbstwert abhängen.

Ungesunder Narzissmus: problematische Verhaltensweisen, die in zwischenmenschlichen Beziehungen schädlich sein können, ohne die Kriterien für eine Persönlichkeitsstörung zu erfüllen.

Toxische Narzisstische Persönlichkeitsstörung: am stärksten ausgeprägte Form mit signifikanten, schädlichen Auswirkungen auf das soziale Leben.

NARZISSMUS ERKENNEN

Ich weiß aus eigener Erfahrung, wie herausfordernd es sein kann, manipulativen Narzissmus zu erkennen, insbesondere dann, wenn man selbst emotional involviert und bereits in den Verstrickungen gefangen ist. Im Nachhinein betrachtet, ist das Bild um einiges klarer, doch in dem Moment, wenn man noch mittendrin steckt, erscheint die Realität oft viel zu komplex.

Es ist möglich, dass jemand mit einer narzisstisch geprägten Persönlichkeit nach außen hin völlig unauffällig, charmant und sozial kompetent erscheint, wohingegen er in seinem engsten Umfeld manipulative und kontrollierende Verhaltensweisen zeigt.

Nach außen hin können Menschen, deren Verhalten stark narzisstisch geprägt ist, also sehr gut funktionieren und verursachen keine offensichtlichen zwischenmenschlichen Probleme, da sie sich dort im besten Licht präsentieren, um das eigene Image zu pflegen. Zu Hause, wo die sozialen Masken fallen und sie sich sicher fühlen, können die narzisstischen Verhaltensmuster viel deutlicher werden, was dazu führen kann, dass ihre Partner oder Familienmitglieder die Hauptlast dieser Dynamik tragen.

Das erklärt auch, warum Narzissmus oft erst spät erkannt wird, zum Beispiel dann, wenn die Fassade bröckelt. Die Beziehung kann im Laufe der Zeit an Wert verlieren, insbesondere hinsichtlich eines respektvollen Umgangs und einer achtsamen und wertschätzenden Kommunikation. Oft geschieht dies schleichend, sodass der (gesunde oder co-abhängige) Teil der Beziehung lange Zeit glaubt, die Probleme lägen ausschließlich an ihm oder ihr selbst.

Daher ist es sehr hilfreich, ein umfassendes Verständnis für Narzissmus zu entwickeln. Es ist entscheidend, sowohl die positiven Eigenschaften als auch die subtilen und oft schwer erkennbaren Merkmale wahrzunehmen, die auf narzisstische Verhaltensweisen in einer Beziehung hinweisen können.

Im ersten Schritt gilt es zu schauen, welche Auswirkung das Verhalten auf uns hat. Denn Narzissmus wird dann als pathologisch erachtet, wenn er zu Verhaltensweisen führt, die demjenigen selbst und anderen schaden oder gesunde zwischenmenschliche Beziehungen stört. Gesundes Selbstbewusstsein und gesunder Narzissmus hingegen sind nicht schädlich und können positive Aspekte im Leben einer Person und in einer Beziehung fördern. Da es aber oft eine Kombination aus positiven und manipulativen Aspekten ist und Menschen, mit stark narzisstischen Zügen eben gleichzeitig als unglaublich charmant und emphatisch wahrgenommen werden, ist es viel weniger offensichtlich, wie man als Außenstehender vielleicht meinen könnte.

POSITIVE NARZISSTISCHE EIGENSCHAFTEN

Um ihr Selbstwertgefühl aufzubauen, entwickeln Menschen mit einer narzisstisch geprägten Persönlichkeit eine starke, nach außen gerichtete Selbstpräsentation. Da es ihnen wichtig ist, wie sie von anderen wahrgenommen werden, kann dies dazu führen, dass sie in sozialen oder beruflichen Situationen enorm selbstbewusst auftreten und äußerst charismatisch wirken. Durch diese Eigenschaften bringen sie natürliche Führungsfähigkeiten mit, da sie gut Entscheidungen treffen und Verantwortung übernehmen können.

Menschen mit narzisstischen Anteilen zeigen oft ein starkes Durchsetzungsvermögen, das aus ihrem Bedürfnis entsteht, eigene Interessen zu verfolgen und in ihrem Umfeld eine führende Rolle einzunehmen. Dieses Verhalten ermöglicht es ihnen, ihre Meinung klar zu vertreten und sich in Konflikten durchzusetzen. Sie können beeindrucken, indem sie häufig Eigeninitiative ergreifen und Herausforderungen gerne annehmen, um sich behaupten zu können.

Zudem sind sie häufig sehr ehrgeizig und setzen sich hohe Ziele, um aus dem Erfolg die eigene Wichtigkeit bestätigt zu wissen. Diese Zielstrebigkeit kann aus dem Bedürfnis resultieren, Anerkennung und Bewunderung zu erlangen.

Personen mit narzisstischen Verhaltensweisen zeigen oft eine hohe Leistungsbereitschaft und engagieren sich stark, da sie ihren Selbstwert häufig an messbare Ergebnisse knüpfen. Das kann sie zu sehr erfolgreichen Menschen machen, sowohl im beruflichen als auch im privaten Kontext.

Resilienz ist bei einigen besonders ausgeprägt, sodass sie Rückschläge bemerkenswert gut meistern können. Ihr übersteigertes Selbstbild hilft ihnen, sich von Misserfolgen zu erholen und weiterzumachen, weil sie kritische Ereignisse oft als Herausforderung für ihr Ego sehen und diese überwinden wollen, um anderen zu beweisen, wie toll sie sind.

Durch Humor, häufig in Form von Sarkasmus, vermitteln Personen mit ausgeprägten narzisstischen Zügen den Eindruck von Intelligenz und Überlegenheit. Der eigentliche Grund dafür hingegen ist die eigene Unsicherheit und das Bedürfnis, die Kontrolle über das Gespräch zu behalten. Durch Sarkasmus können sie potenzielle Bedrohungen oder kritische Rückmeldungen ihres Gegenübers abwehren und ihre Dominanz behaupten.

Es gibt noch andere Charaktereigenschaften, die als durchaus positiv gewertet werden können, wenn man die Beweggründe dahinter versteht.

So kann zum Beispiel auch Hilfsbereitschaft ein Anzeichen für Narzissmus sein. Manche Menschen sind übertrieben hilfsbereit, um ihr Selbstwertgefühl zu steigern, indem sie ihre Hilfe anderen anbieten oder gar aufdrängen, unabhängig davon, ob diese benötigt wird oder nicht. Dies ist allerdings mit der Erwartung nach Anerkennung verbunden. Wird diese verwehrt in Form von subjektiv empfundener Undankbarkeit, kann das eine entsprechend ungehaltene Reaktion zur Folge haben.

Die Beweggründe dahinter zu verstehen, ist also essenziell. Denn auch wenn all diese Charaktereigenschaften auf Narzissmus hinweisen KÖNNEN, heißt es noch lange nicht, dass jeder Mensch, der solche Merkmale aufweist, eine narzisstisch geprägte Persönlichkeitsstörung hat. Bei gesunden Personen entstehen diese Eigenschaften oft aus einem echten Interesse an persönlichem Wachstum, Empathie oder Teamarbeit. Bei Menschen mit ungesunden narzisstischen Verhaltensweisen hingegen sind diese oft auf ein starkes Bedürfnis nach Anerkennung, Bewunderung oder Bestätigung zurückzuführen, häufig zum Nachteil anderer.

SCHÄDLICHES NARZISSTISCHES VERHALTEN

Menschen mit narzisstischen Anteilen haben, wie bereits dargelegt, ein starkes Verlangen nach Anerkennung, weil sie ihr Selbstwertgefühl von der Gunst anderer abhängig machen. Dieses Bedürfnis ist oft das Ergebnis einer instabilen Kindheit, in der sie nicht die notwendige Bestätigung oder Liebe erhalten haben.

Um ihrem Drang nachzugehen, Kontrolle über Situationen zu behalten und die eigene Überlegenheit zu demonstrieren, streben sie häufig nach Dominanz. Was sich im Positiven als Durchsetzungsvermögen zeigt, kann zur Folge haben, dass sie ihre Position mit aller Macht verteidigen und jemanden beispielsweise in Grund und Boden diskutieren, um sich selbst und andere davon zu überzeugen, dass sie »besser« sind. Die Gefühle ihres Gegenübers spielen dabei jedoch keine Rolle.

Um ihre Ansichten zu wahren und Unsicherheiten zu kaschieren, neigen Menschen mit starkem Bedürfnis nach Selbstbehauptung häufig zu einer ausgeprägten Rechthaberei, die sich in hitzigen Debatten und dem Unvermögen äußert, andere Standpunkte anzuerkennen oder zu akzeptieren. Ihre Abneigung gegen Kritik entspringt der Angst vor dem Verlust ihres Selbstwertgefühls. Sie sehen jede negative Rückmeldung als persönlichen Angriff, was zu defensiven und aggressiven Reaktionen führt.

Um ihren eigenen Selbstwert zu stärken und die Kontrolle über ihren Partner oder ihre Partnerin zu sichern, zeigen sich mitunter subtile Formen der Manipulation wie Gaslighting. Dies bedeutet, dass sie ihn oder sie dazu bringen, an der eigenen Wahrnehmungen und Erinnerungen zu zweifeln. Typisch sind Sätze wie: »Das hast du dir nur eingebildet.« Oder: »So war das doch gar nicht.« Solche Aussagen können das Selbstbewusstsein des anderen stark beeinträchtigen. Dadurch fühlen sie sich überlegen und weniger verletzlich und können die eigene Sichtweise als die einzig wahre darstellen.

Nicht selten kommt es zu emotionaler Erpressung in der Partnerschaft, um eigene Bedürfnisse durchzusetzen und die Beziehung nach den eigenen Vorstellungen zu gestalten. Sie drohen mehr oder weniger direkt mit Konsequenzen wie etwa: »Wenn du nicht tust, was ich sage, werde ich mich von dir trennen«, wodurch sie ihren Partner oder ihre Partnerin in eine gefühlte Pflichtposition drängen, da es nur den einen oder keinen Weg gibt.

Solche Eigenschaften und Verhaltensweisen können tief in den psychologischen Mechanismen des Narzissmus verwurzelt sein und verdeutlichen die komplexen inneren Konflikte, mit denen Menschen mit einer narzisstisch geprägten Persönlichkeit oft kämpfen, und dass sie eben nicht aus Bösartigkeit handeln, sondern weil sie es einfach nicht anders gelernt haben. Dennoch können solche Verhaltensweisen eine drastisch ungesunde Auswirkung auf andere haben – wie sich am Beispiel meiner Erfahrung in Form von emotionaler Erschöpfung und vermindertem Selbstwertgefühl zeigte.

MERKMALE NACH DSM-5

Eine narzisstische Persönlichkeitsstörung zeigt sich laut dem *Diagnostischen und Statistischen Manual psychischer Krankheiten* (DSM-5, vgl. S. 883ff) anhand folgender Kriterien, von denen mindestens fünf zutreffen müssen, um diese zu diagnostizieren:

1. Die Person hält sich für grandios wichtig.
2. Sie ist stark eingenommen von Fantasien von Erfolg, Macht, Intelligenz und Schönheit oder der vollkommenen Liebe.

3. Sie glaubt, einzigartig und besonders zu sein und nur von ebenso angesehenen und erfolgreichen Menschen verstanden zu werden.
4. Sie verlangt nach übermäßiger Bewunderung.
5. Sie hegt ständig Ansprüche auf eine Sonderbehandlung.
6. Andere nutzt der Betreffende für seine eigenen Ziele aus.
7. Es fehlt an Empathie: Die Gefühle und Bedürfnisse der Mitmenschen werden nicht gesehen.
8. Die Person ist oft neidisch auf andere oder glaubt umgekehrt, andere neiden ihr ihren Erfolg.
9. Sie benimmt sich arrogant und überheblich.

CO-ABHÄNGIGKEIT

Unsere Beziehungsmuster sind oft eng mit unseren frühen Erfahrungen verknüpft. Das Bedürfnis, geliebt, gesehen und gehört zu werden, kann uns unbewusst dazu verleiten, in Dynamiken zu geraten, die zwar vertraut, aber ungesund sind. Insbesondere Menschen mit geringem Selbstwert sind anfälliger für »toxische« Beziehungen, in denen die Muster beider Partner ineinandergreifen und sich gegenseitig verstärken. Wie in meiner Geschichte angedeutet, kann es schnell passieren, dass Menschen, die mit narzisstischen Beziehungsmustern konfrontiert werden, unterordnende, unterstützende und selbstaufopfernde Verhaltensweisen entwickeln, sich selbst zurücknehmen und sich den Bedürfnissen und Erwartungen ihres Gegenübers anpassen.

Das kann für beide Seiten sehr belastend sein. Denn ähnlich wie bei den Beweggründen für narzisstisches Verhalten geht es auch hier um das Streben nach emotionaler Bestätigung und den Versuch, die eigenen Unsicherheiten zu kompensieren, während die wahren Bedürfnisse – nach echter Selbstliebe – vernachlässigt werden. In einer Co-Abhängigkeit wird oft die Anerkennung und der Zuspruch des Partners gesucht, während dieser wiederum Bestätigung durch Kontrolle und Manipulation anstrebt. Diese wechselseitige Abhängigkeit führt zu einem ungesunden Kreislauf, in dem die Co-Abhängigkeit immer weiter zunimmt und beide in ihren jeweiligen Rollen gefangen sind.

Eine gesunde Beziehung basiert auf einem ausgewogenen Geben und Nehmen, wobei es vollkommen in Ordnung ist, sich auf den Partner einzulassen und miteinander zu interagieren – solange dies in einem gesunden Rahmen bleibt und man sich nicht für den anderen aufopfert. Beziehungen, in denen beide Partner gleichwertig Verantwortung übernehmen und die Bedürfnisse des jeweils anderen respektiert werden, sind grundsätzlich stabiler und befriedigender.

Oft jedoch können Co-Abhängige, die vielleicht von einer gesunden Beziehung ausgehen oder bereits ein Muster aus früheren Beziehungen mit sich bringen, schleichend in ein Ungleichgewicht geraten, das letztendlich zu einer toxischen Dynamik führt, die das eigene Wohl gefährdet.

Auch die Co-Abhängigkeit kann sich in denkbar verschiedenen Ausprägungen und Abstufungen zeigen und ist genauso wie Narzissmus meist in der Kindheit verankert. Der instabile Selbstwert begünstigt auch hier die Suche nach Anerkennung im Außen wie durch einen Partner, der narzisstische Verhaltensweisen aufweist.

So ist ein typisches Merkmal der Co-Abhängigkeit die Tendenz, Schuldgefühle zu empfinden, wenn man versucht, eigene Bedürfnisse durchzusetzen oder sich abzugrenzen. Anzeichen von Co-Abhängigkeit kann auch eine stark empfundene Verantwortung für das Wohlbefinden des Partners sein.

Die Belastung durch Co-Abhängigkeit ist oft tiefgreifend und kann zu ernsthaften psychischen und emotionalen Problemen führen. Erschöpfung, Angstzustände oder Depressionen können die

Folge sein, wenn durch die Beziehung zu einem Partner mit narzisstischen Anteilen die eigene Identität und das eigene Wohlbefinden untergraben werden. Sich diese Abhängigkeitsmuster bewusst zu machen, die eigenen Bedürfnisse zu hinterfragen und dabei auch die eigenen Anteile zu reflektieren, ist ein entscheidender Schritt für die Heilung und Verbesserung der Lebensqualität. Ebenso wichtig ist es zu lernen, besser mit den eigenen Gefühlen umzugehen und sich selbst anzunehmen.

DIE FRAGEN

Wohl in allen Partnerschaften, Freundschaften und Beziehungen innerhalb der Familie gibt es Höhen und Tiefen und Phasen, in denen es mal mehr oder weniger gut läuft – von inniger Nähe, gesundem Abstand oder gar bis hin zum harmonischen Auseinandergehen und radikalen Trennungen.

Insbesondere im Umgang mit Mitmenschen, deren narzisstische Anteile stark ausgeprägt sind, ist es nicht einfach zu erkennen, ob es sich bloß um Ausnahmen wie Stresssituationen, normale Konflikte oder gar Krisen handelt, aus denen eine oder beide Beteiligten durchaus gestärkt hervorgehen können, oder aber, ob die Verbindung grundsätzlich auf eine Weise schadhaft ist, weil das Gegenüber oft auf eine schleichende und manipulative Weise schwächt, statt zu stärken.

Falls du dir diesbezüglich in einer Beziehung unsicher bist, kannst du folgende Fragen für dich beantworten, um dir deine eigenen Muster und die der anderen bewusster zu machen und Anhaltspunkte zu haben, um zu überprüfen, ob du möglicherweise von einer Co-Abhängigkeit betroffen sein könnest:

1. Ganz nüchtern betrachtet. Manchmal fühlt man sich nach einer Begegnung oder einem Gespräch irgendwie leer. Erhältst du von deinem Gegenüber im Allgemeinen mindestens genauso viel Energie, wie du in die Verbindung hineinbringst?

☐ Ja
☐ Nein

2. Mal ganz ehrlich. In einer Partnerschaft oder Freundschaft sollte man sich auf eine Verabredung oder ein Wiedersehen freuen. Wie ist das bei der betreffenden Person? Kannst du aus vollem Herzen sagen, jede Begegnung ist mehr oder weniger durchaus bereichernd und auf eine Weise schön?

☐ Ja
☐ Nein

3. Allein – endlich? Es kommt vor, dass man auch mal durchatmet, wenn ein Besucher gegangen ist oder der Partner zur Arbeit aufbricht. Wie fühlt es sich an, wenn du mit der betreffenden Person für einen kurzen oder längeren Zeitraum auseinandergehst: Freust du dich darauf, wieder Zeit miteinander zu verbringen, wenn ihr eine Weile getrennt wart?

☐ Ja
☐ Nein

4. Schön, dass wir gesprochen haben. Man kann nicht immer einer Meinung sein, aber andere Sichtweisen können unser Weltbild bereichern. Wie geht es dir in und nach einer Diskussion mit deinem Partner, deiner Freundin, deinen Eltern oder Geschwistern? Würdest du sagen, auch wenn es vielleicht manchmal anstrengend sein kann, dass es aber unterm Strich ein Gewinn ist, sich mit derjenigen Person auszutauschen?

☐ Ja
☐ Nein

5. Trost und Mitgefühl. In gesunden Beziehungen fühlt man sich überwiegend aufgehoben und verstanden. Wie ist das in deiner? Schenkt dir dein Gegenüber ein offenes Ohr, wenn du Kummer hast, und baut dich mit warmen Worten oder Gesten wieder auf?
☐ Ja
☐ Nein

6. Mal unter uns. Eine gute Beziehung lebt davon, einander aufrichtig und wertschätzend zu begegnen, besonders in herausfordernden Situationen. Reagiert dein Partner aufgeschlossen, wenn du ihm wertfrei mitteilst, wie du dich in einer bestimmten Situation gefühlt hast?
☐ Ja
☐ Nein

7. Geben und Nehmen. Wir Menschen als soziale Wesen sind auf Unterstützung untereinander angewiesen, und es erfüllt uns mit Freude, wenn wir etwas geben, was dankbar angenommen wird. Wie ist das bei deinem Umfeld? Würdest du sagen, du bekommst genauso viel zurück, wie du gibst?
☐ Ja
☐ Nein

8. Dünnes Eis. Es ist großartig, wenn wir Menschen um uns herum haben, bei denen wir ganz wir selbst sein können, ohne verurteilt zu werden. Doch wie ist es, wenn du mal einen Fehler machst? Wird dir Kritik wertschätzend entgegengebracht, sodass du dankbar dafür sein kannst?
☐ Ja
☐ Nein

9. Bühne frei. Jeder Mensch möchte sich gesehen fühlen. Und es tut uns gut, wenn wir uns auf unterschiedliche Weise ausdrücken und entfalten können. Manchmal hat man es aber mit Menschen zu tun, die immer und überall die Hauptrolle spielen müssen. Würdest du sagen, dass die Räume in deiner Beziehung unterm Strich gleichwertig verteilt sind?

☐ Ja
☐ Nein

10. Bedürfnisse befriedigt? Zur Selbstfürsorge gehört, achtsam mit seinen Wünschen und Bedürfnissen umzugehen und eben gesunde Beziehungen zu pflegen, in denen diese auch beachtet werden. Würdest du zustimmen, dass dein Partner oder deine engsten Freunde deine Bedürfnisse kennen und respektieren?

☐ Ja
☐ Nein

11. Gute Streitkultur. Konflikte sind insbesondere in einer lebendigen Liebesbeziehung nicht nur unvermeidbar, sondern Treibstoff für Wahrhaftigkeit und Wachstum. Würdest du sagen, dass es nach Aussprache oder Versöhnung mit deinem Partner mehr Verständnis und Nähe zwischen euch gibt?

☐ Ja
☐ Nein

12. Hand aufs Herz. In einer gesunden Partnerschaft werden immer wieder Kompromisse gefunden und die Werte und Ziele beider gleichermaßen gesehen und berücksichtigt. Gelingt euch dieses Glück in der Partnerschaft – zumindest meistens?

☐ Ja
☐ Nein

13. Sicher ist sicher. Eine Freundschaft oder Beziehung braucht auch geschützte Freiräume. Kannst du zumeist einfach du selbst sein und erntest mehr Lob statt Kritik, wenn du deine ganz eigenen Wege gehst?

☐ Ja
☐ Nein

14. Die Wahrheit aussprechen. Gute Beziehungen profitieren von einem offenen, aber wertschätzenden Austausch. Würdest du zustimmen, dass deine Wahrheit und Sicht der Dinge gehört und respektiert wird?

☐ Ja
☐ Nein

15. Vergleichsweise gut. Mal neidisch auf das Familienglück der Freundin zu sein oder den Job des Partners viel cooler zu finden, ist menschlich und kann sogar ein Ansporn sein, für die eigenen Wünsche mehr Verantwortung zu übernehmen. Doch der Grat zu Missgunst oder Feindseligkeit ist in manchen Verbindungen manchmal schmal. Hast du das Gefühl, dass dir grundsätzlich auf Augenhöhe und mit Wohlwollen begegnet wird?

☐ Ja
☐ Nein

HAST DU SELBST EINE NARZISSTISCHE PERSÖNLICHKEITSSTÖRUNG?

Es folgen nun ein paar Fragen, anhand derer du herausfinden kannst, ob du möglicherweise selbst unter einer narzisstischen Persönlichkeitsstörung leidest.

Achtung: Das war bloß ein Scherz! Denn sollte dies der Fall sein, wirst du womöglich nicht in der Lage sein, dich selbst wahrhaftig zu reflektieren, sondern im Gegenteil all die Eigenschaften und Ursachen von Beziehungsproblemen deinem Gegenüber unterstellen. Solltest du dagegen eigene Charakterzüge in diesem Buch wiedererkannt haben, zeigt dies womöglich deine aufrichtige Bereitschaft, bei dir selbst zu schauen und an dir zu arbeiten und zu heilen. Herzlichen Glückwunsch, denn das ist die Basis für eine gesunde Beziehungsdynamik!

TIPPS FÜR BETROFFENE

Sich aus einer toxischen Beziehung zu befreien, stellt eine immense Herausforderung dar, insbesondere dann, wenn man selbst ein labiles Selbstwertgefühl hat. Denn dann ist zum einen das Risiko der Co-Abhängigkeit und zum anderen die Gefahr gegeben, nicht ausreichend Mut oder die Kraft aufbringen zu können, wirklich genau hinzusehen und sich einzugestehen, dass man womöglich niemals die Erfüllung findet, die man in Wahrheit braucht, oder dafür einzustehen, was man sich wünscht.

Unabhängig davon, ob du selbst oder dein Partner oder deine Partnerin Anzeichen von narzisstischem oder co-abhängigem Verhalten zeigt oder nicht, kann das Erkennen der spezifischen Merkmale entscheidend sein, um die Dynamiken einer Beziehung zu verstehen, zu identifizieren und zu überprüfen, inwiefern sie destruktiv statt beziehungsfördernd sind.

Wenn du also Anzeichen frühzeitig erkennst, gibt es verschiedene Möglichkeiten, präventiv schadhafte Muster aufzulösen und/oder eine gesunde Distanz zu gewinnen:

1. **Das Gespräch suchen.** Bemühe dich darum, ein ehrliches und offenes Gespräch zu führen, in dem du aus der Ich-Perspektive kommunizierst, wie du dich fühlst. Statt Vorwürfe zu machen, ist es hilfreich, die eigenen Gefühle und Beobachtungen in den Vordergrund zu stellen, um defensives Verhalten zu vermeiden. Werden diese von deinem Gegenüber entwertet, kann dies ein Anzeichen sein, dass er an seinem Muster arbeiten darf, um zu wachsen – Aber: Jeder trägt die Verantwortung für sich selbst. Lasse deine Erwartungen los. Die Entscheidung, woran dein Partner arbeiten möchte, bleibt ihm überlassen.

2. **Grenzen setzen.** Es ist wichtig, persönliche Grenzen zu setzen und diese klar zu kommunizieren. Dies zeigt dem oder der anderen, dass bestimmte Verhaltensweisen im Umgang mit dir nicht akzeptabel sind. Wenn die Grenzen nicht respektiert werden, darfst du Konsequenzen ziehen, um die eigene emotionale Gesundheit zu schützen. Bleib auch hier respektvoll und bei deinen eigenen Gefühlen und Bedürfnissen.

3. **Das eigene Verhalten reflektieren und Eigenverantwortung übernehmen.** Es ist hilfreich, das eigene Verhalten und die eigene Reaktion auf bestimmte Verhaltensweisen zu reflektieren, um Muster zu erkennen, die zu einer ungesunden Dynamik beitragen könnten. Jedoch ist es ebenso wichtig, sich bewusst zu werden, wenn trotz aller Bemühungen keine Veränderung mehr möglich ist und die Beziehung weiterhin leidet. Du musst nicht die Last deines Partners tragen. Konzentriere dich darauf, an dir selbst zu arbeiten, statt deinen Partner ändern oder ihm übermäßig helfen zu wollen. Ein Mini-Journal mit Reflexionsfragen findest du als Geschenk auf Seite 171.

4. **Unterstützung suchen.** Wie du vielleicht an meiner Geschichte sehen konntest, ist es enorm wichtig, ein unterstützendes Umfeld

zu haben, um über die Situation zu sprechen und unterschiedliche Perspektiven zu erhalten – durch Freunde und Familienmitglieder oder auch professionelle Unterstützung, um Strategien zur Bewältigung der Situation zu entwickeln und emotionale Klarheit zu gewinnen. Ich machte nicht nur zum Ende die Paartherapie, sondern hatte auch nach der Trennung ebenfalls ein paar Therapiesitzungen, um die Erfahrung bestmöglich aufzuarbeiten. Ebenso möchte ich dich ermutigen, für andere da zu sein, wenn dir etwas auffällt. Es kann viel bewirken, Hinweise oder Beobachtungen zu teilen, statt sie für sich zu behalten. So wie mir die ehrlichen Worte meiner Freunde geholfen haben. Auch wenn das nicht immer sofort angenommen wird, können so erste Samen gesät werden, um ungesunde Dynamiken zu erkennen.

5. **Entscheidung über die Beziehung treffen.** Ob eine Beziehung langfristig erfolgreich sein kann, hängt stark von der Bereitschaft beider Partner ab, an sich selbst zu arbeiten und die Muster zu durchbrechen. Es ist jedoch wichtig, zu differenzieren, inwiefern die Beziehung förderlich oder schädlich ist. Überlege, was du dir in einer Beziehung wünschst und ob deine Bedürfnisse erfüllt werden. Wenn du toxische Tendenzen in der Beziehung erkennst, darfst du entscheiden, ob es sinnvoll ist, weiterzumachen oder sich zu distanzieren. Hole dir auch hierfür Unterstützung von außen, denn wenn du bereits emotional geschwächt bist, hast du möglicherweise nicht mehr die Energie, eine klare Perspektive einzunehmen, ohne dich einschüchtern zu lassen.

Eine frühzeitige Identifikation von narzisstischen Eigenschaften ermöglicht es, proaktiv zu handeln und die eigene emotionale Gesundheit zu schützen. Durch Kommunikation, Grenzsetzung und gegebenenfalls Unterstützung kann man versuchen, die Beziehung zu verbessern oder rechtzeitig zu erkennen, wenn ein Rückzug die bessere Option ist.

ZUM WEITERLESEN

Zu den 16 Persönlichkeitstypen:

Auf der Webseite www.16personalities.com gibt es die Möglichkeit, den Persönlichkeitstest zu machen und sich einen Überblick über alle Typen zu verschaffen. Unter www.truity.com werden die Verbindungen zwischen verschiedenen Typen ausgeführt.

Zu den Fragen vor der Hochzeit:

Die *40 Questions to Ask Your Partner Before Marriage* finden sich zum Beispiel unter www.hitched.co.uk/wedding-planning/organising-and-planning/what-to-discuss-before-marriage/.

Zur Love Language:

Chapman, Gary: *Die fünf Sprachen der Liebe – Wie Kommunikation in der Partnerschaft gelingt.* Samcke-Buch, Marburg, 2019.

Morgan, Lena: *Fight Languages: Turning Conflict into Connection.* www.lenamorgan.com und Kindle-Buch.

Zu Narzissmus-Merkmalen:

Diagnostisches und Statistisches Manual Psychischer Störungen DSM-5®. Hogrefe-Verlag, Göttingen 2020.

HINWEISE

Dieses Buch basiert auf wahren Begebenheiten. Einige Namen, Orte und Ereignisse wurden geändert oder fiktionalisiert, um die Identität und Privatsphäre der betroffenen Personen zu schützen. Diese Darstellung gibt die subjektive Wahrnehmung der Autorinnen wieder.

In diesem Buch wurde Wert auf eine gendergerechte Sprache gelegt, wo dies möglich war. Aus Gründen der einfacheren Lesbarkeit wurde jedoch an einigen Stellen die männliche Form verwendet. Diese steht stets stellvertretend für alle Geschlechter.